Los sentidos de la distorsión

Los sentidos de la distorsión
Fantasías epistemológicas
del neobarroco latinoamericano

Pablo Baler

Almenara

Consejo Editorial

Luisa Campuzano Waldo Pérez Cino
Adriana Churampi Juan Carlos Quintero Herencia
Stephanie Decante José Ramón Ruisánchez
Gabriel Giorgi Julio Ramos
Gustavo Guerrero Enrico Mario Santí
Francisco Morán Nanne Timmer

© Pablo Baler, 2019
© Almenara, 2019

www.almenarapress.com
info@almenarapress.com

Leiden, The Netherlands

ISBN 978-94-92260-37-6

Imagen de cubierta: Tibetan demon, anonymous, *circa* 1860. Wellcome images.

All rights reserved. Without limiting the rights under copyright reserved above, no part of this book may be reproduced, stored in or introduced into a retrieval system, or transmitted, in any form or by any means (electronic, mechanical, photocopying, recording or otherwise) without the written permission of both the copyright owner and the author of the book.

Prólogo a la primera edición | David William Foster 7
Introducción
    Señal de desajuste 11
    Curiosas perspectivas 13
    El encuentro de las paralelas 20
    Estética de la inestabilidad 31
    El sexto sentido de la distorsión 45

I. Metáfora. La orquesta trágica 49
    El Concepto: florecilla de los siglos 50
    Epistemología de la metáfora 63
    La Guardia post-romántica de la Vanguardia 67

II. Hipérbaton. El mundo como sintaxis 87
    La abducción: secuestro de la realidad 96
    La soledad del jardín 107
    La sintaxis alucinada 118
    Chinoiserie literaria 124

III. Anáfora. Poética de la laceración 129
   Las fronteras de la piel 129
   Cien pedazos. 131
   Los Ejercicios Corporales 138
   Tensión trágica. 142
   Teatro del lenguaje. 151
   La mueca horripilada 156

Epílogo. Muerte al rojo vivo 157

Bibliografía 163

Prólogo a la primera edición

Este libro que tiene usted en las manos nace ya con el perfil de un clásico entre los estudios sobre el neobarroco latinoamericano; y como todo clásico se resiste a la clasificación: si bien es una meticulosa investigación en el campo de la historia de las ideas y las expresiones artísticas, es también un tanteo en el inexplorado género de la *estética-ficción*; es un juego conceptual a la vez que una concienzuda crítica historiográfica, es ensayo filosófico, tratado literario, divertimento retórico e incluso una obra de ficción académica.

Arriesgadamente, *Los sentidos de la distorsión* propone que el objetivo del arte, al igual que el de la cosmología, es el de conjeturar el contenido y la forma del universo; es decir, que toda estética presupone una epistemología, toda poética, una teoría del conocimiento. ¿Es este mundo como un laberinto o como una infinita biblioteca hexagonal, como un juzgado inaccesible o como un salón de espejos infinitos, una ciudad en eterna construcción o las ruinas de una rigurosa civilización, una selva inextricable o un jardín de senderos que se bifurcan?

Plasmar este mundo, representarlo, es una aspiración expresiva de profundas implicaciones epistemológicas. De este singular enfoque adoptado por Pablo Baler, surge un inesperado juego de intrigantes planteamientos literarios, estéticos y filosóficos. Es desde esta perspectiva radical que logra Baler percibir los ecos mutuos entre la poesía amorosa de Quevedo y los experimentos vanguardistas de Huidobro, entre la inextricable sintaxis de Góngora y el fantástico universo de Borges, entre la mortificación abnegada en San Ignacio de Loyola y la flagelación sadomasoquista en Severo Sarduy.

Valiéndose del tropo de la distorsión del lenguaje (tanto el literario como el visual), Baler emprende una investigación en dos planos. En uno, se indaga en los parámetros estéticos del barroco español y sus turbulentos procesos de distorsión. En otro, se investigan las conexiones silenciosas, las razones inconfesadas y los mecanismos secretos por medio de los cuales obras claves del siglo XX latinoamericano (*Altazor*, «El jardín de senderos que se bifurcan», *Cobra*) se apropian de esa estética de la inestabilidad. Valga hacer la salvedad de que en ningún momento pierde Baler conciencia que toda conexión significativa entre estos dos momentos (el siglo XVII y el XX) implica una toma de posición en cuanto al legendario debate entre la universalidad o la historicidad del barroco. Pero se trasciende aquí esa dicotomía gracias a una narrativa crítica que concilia las constantes transhistóricas con las acotadas coyunturas del barroco histórico.

Aquella sociedad *dramática, contorsionada y gesticulante*, como definía José Antonio Maravall al mundo del barroco español, era producto, sin duda, de un momento de crisis signado por una conciencia crítica en todos los ámbitos. Esa profunda crisis económica, social, científica; esa revolución técnica y mental articulada en un periodo de malestar y descontento generalizado que definen los cambios paradigmáticos del barroco, remiten de manera natural al siglo XX. Desde el epifánico modernismo rubendariano se han percibido y desde innumerables puntos de vista estas afinidades; Baler propone aquí un enfoque que subraya la inestabilidad sistémica de *lo barroco* encauzando, en libertad de expresión y experimento, con la libertad ensayística de herencia continental que abarca, sin embargo, desde la veta transhistoricista de Eugene D'ors hasta el historicismo prepostero de Mieke Bal.

Baler aporta, con *Los sentidos de la distorsión*, una visión de original vuelo teórico y alcance poético sobre la siempre renovada problemática del neobarroco latinoamericano. Utilizando el poder evocativo de una serie de figuras retóricas (metáfora, hipérbaton, anáfora) como si se tratara de trampolines alegóricos, Baler despliega un mural interpretativo que trasciende el mero análisis escolástico y que confirma no sólo la diversidad de sus intereses sino, y por sobre todo, una versatilidad intelectual que le permite ensayar con idéntico acierto el arriesgado salto creativo como la cuidadosa disquisición analítica. Más que un ejercicio en literatura comparada, Baler nos ofrece una meditación retórico-filosófica que apunta hacia la tesis fundamental de que el arte es en sí *distorsión* de una realidad nunca percibida, nunca perceptible. Se entiende entonces que este intento por imaginar una aproximación al barroco y al neobarroco, que se inspira en la propia lógica de su estética, sea en sí mismo un proyecto metafórico, hiperbático y desgarrador.

David William Foster
Arizona State University

Introducción

Señal de desajuste

El título de este libro haría pensar que la *distorsión* constituye una categoría estética cuyos sentidos pueden ser rigurosamente deslindados. Sin embargo, una de las perplejidades de este concepto radica en que sólo adquiere significado en relación a otro parámetro igualmente fantástico, la *nitidez*; pues la distorsión, como recurso estilístico, replantea el problema de los límites de la opacidad expresiva a la vez que cuestiona la artificialidad de toda pretensión de transparencia.

Como ejemplos de distorsión podrían citarse los cuerpos contorsionados de Gian Lorenzo Bernini en contraste con las figuras estáticas del alto renacimiento; el hipérbaton exacerbado de Góngora contra la fluidez moderada de Garcilaso; la anamorfosis como desafío al espacio racional de la perspectiva albertiana; o los paisajes derretidos y atomizados de las vanguardias históricas en contraste con el costumbrismo mimético de espíritu positivista.

A pesar de manifestarse en una increíble variedad de formas y cristalizar, históricamente, distintas cosmovisiones, las obras que participan de este impulso *distorsionador* tienden a evocar un universo imaginativo que se conecta con la serie metonímica de desequilibrios, desfiguraciones, monstruosidades, caos e incertidumbres.

Si la *distorsión* implica una torsión/desviación en la cadena que conecta un centro de significación con su representación, la *nitidez* asumiría una identidad entre esos dos polos que se mantiene constante. En el campo de la expresión artística, en todo caso, las fronteras que dividen estas categorías no son siempre, y en todo sentido, precisas pues las propias nociones de «significación» y «representación» son puestas en suspenso y a veces de manera flagrante como en los casos puntuales del minimalismo o el hiperrealismo. Se impone así una primera pregunta: si existe un fenómeno que puede describirse como *distorsión* (que coincidirá aquí aproximadamente con las categorías de barroco y neobarroco), ¿dónde comienza y dónde termina? Es este un interrogante doble que pretende sondear no sólo los límites sincrónicos de la *distorsión* en una expresión artística en particular sino también sus márgenes y pespuntes transhistóricos. En ambos casos, en la medida en que puede concebirse toda producción simbólica como especulación acerca del «mundo», considero esta exploración estética de la *distorsión* en términos de la dialéctica que se establece entre elecciones formales y «fantasías epistemológicas»[1].

En dicho contexto, este libro intenta dar sentido a un conjunto de expresiones artísticas que pueden ser abarcadas por el fenómeno

---

[1] Proponer la literatura como proyecto epistemológico requiere hacer la distinción previa entre el proyecto artístico y el filosófico. Ofrece Juan José Saer una distinción operativa entre la literatura y la filosofía: «Distinción que no se encuentra en el objetivo de reflexión sino en la fase del proceso de creación o de expresión en que ese objeto se halla ubicado: anterior en el caso de la filosofía; dentro, en alguna parte, en el caso de la narración. [...] La filosofía parte de un objeto de reflexión; la narración da con él o lo siembra en algun momento de su recorrido» (1997: 50). A pesar de la naturaleza seductora de esta idea, creo que la diferencia entre la literatura y la filosofía habría que buscarla no en términos de la ubicación del objeto de reflexión sino en el tipo de relación que con él se establece. La narración no siembra el objeto de su reflexión sino que este es inherente a su propia encarnación. Parafraseando la identidad que Henri Focillon propone entre forma y materia en *The Life of Forms in Art*, podría decirse que *la ficción, lejos de simplemente vestir una epistemología con una narración* (lo que se remitiría al género de la ilustración) o de articular una tesis (filosofía), *despierta narratividad en la epistemología*. Según Focillon, en ese proceso en que la forma pasa de la mente a la materialidad, la forma ya es materia en la intención: «En la mente, ya es tacto, incisión, faceta, línea, ya algo moldeado o pintado, ya un grupo de masas en materiales definidos» (1989: 122; mi traducción). De igual manera, es posible dilucidar en la coherencia misma de una obra, aquellas instancias en que esta soporta el peso de ilustrar una teoría (Zola, Sartre, Kundera, Eco), y aquellas en que ha secuestrado la imaginación de un autor y lo ha tomado de rehén a lo largo de ese proceso por el cual una visión de mundo se encorpa narrativamente.

expresivo de la *distorsión*. Enlazando el imaginario de la producción artística del siglo XX con la producción del barroco histórico, particularmente hispánico, pretendo iluminar tres instancias de reapropiación del barroco en Latinoamérica: la vanguardia, la Nueva Narrativa y el postmodernismo. Así, la desintegración del mundo y el sujeto en la poesía de Vicente Huidobro, la inasible plasticidad de los universos proyectados en la obra de Jorge Luis Borges, y los juegos de metamorfosis perpetuas que sufren el lenguaje y los cuerpos en Severo Sarduy, serán aquí abordados desde la perspectiva histórica más vasta de la problemática de la modernidad[2]. En resumidas cuentas, la línea central de esta investigación se remite a sondear la genealogía que conecta la dinámica de torsión y descentramiento del barroco áureo con la estética de inestabilidad y desgarro del siglo XX latinoamericano, sin dejar por ello de distinguir la singularidad de sus vislumbres y sensibilidades.

CURIOSAS PERSPECTIVAS

Antes de abordar, sin embargo, el estudio de estas obras, se impone explorar el problema de los límites tanto formales como históricos de la *distorsión*. Para tal objetivo, la historia de la perspectiva se ofrece como un marco teórico revelador, pues el dispositivo de la perspectiva renacentista y los experimentos en anamorfosis podrían concebirse como recursos emblemáticos de *nitidez* y *distorsión* respectivamente. Artificiales en diferente forma aunque en equivalente medida, estas categorías representacionales se contraponen en cuanto la geometría ilusoria de la perspectiva lineal tiende a disimular (o mejor: ignorar) su propio artificio mientras la anamorfosis tiende a desocultarlo y a poner esa *desconstrucción* en primer plano.

---

[2] Sigo, en versión libre, los tres instantes de reapropiación barroca en América Latina como lo hace Irlemar Chiampi (a su vez siguiendo a Rodríguez Monegal): los veinte, los cuarenta, los sesenta: vanguardia, Nueva Narrativa, postmodernismo.

Desde los tratados en óptica de Euclides, la perspectiva como ciencia se ha preocupado por fijar la dimensión y la posición exacta de un objeto en el espacio en relación a un punto de vista. Pero la conexión entre estas leyes geométricas y el arte de ilusión que recrea estas leyes en la representación visual se produjo recién en la primera mitad del siglo XV con los experimentos de Filippo Brunelleschi luego formulados por Leon Battista Alberti (*Della Pittura,* 1435) y desarrollados por artistas como Leonardo da Vinci, Dürer o Vignola[3]. Según Jurgis Baltrusaitis: «la perspectiva fue restaurada como una racionalización de la visión y como una realidad objetiva, preservando a la vez el elemento de simulación» (1977: 4; mi traducción).

Aunque esta gramática de la verosimilitud (*costruzione legittima*) ofrece una técnica para representar convincentemente lo visible, corresponde de forma parcial a la realidad de la percepción. Su artificialidad no se reduce solamente al hecho palmario de traducir en un espacio de dos dimensiones una realidad tridimensional. El verdadero artificio radica en haber hecho del punto de vista monocular y estático la piedra de toque de la representación de la realidad. Así lo califica Karsten Harries en *Infinity and Perspective*:

> La violencia que la construcción de Alberti ejerce sobre la manera en que realmente vemos es evidente: normalmente vemos con dos ojos en constante movimiento. [...] Con el objeto de dominar el arte de las apariencias, el pintor reduce la experiencia a una visión momentánea, monocular y nos ubica sobre una tierra plana. [...] *Pero no debiéramos perder de vista el estatuto doblemente problemático de un arte dispuesto a sacrificar la realidad en aras de su representación racionalizada, un sacrificio que anticipa el reemplazo, exigido por la ciencia en cierne, de la vida-mundo por su racionalizada representación.* (2001: 77-79; traducción y énfasis míos).

---

[3] Ya desde Giotto se ha trabajado en este sentido, pero no remitiéndose, sin embargo, a reglas de rigurosidad matemática sino a «recetas» caseras que anticiparon el método albertiano.

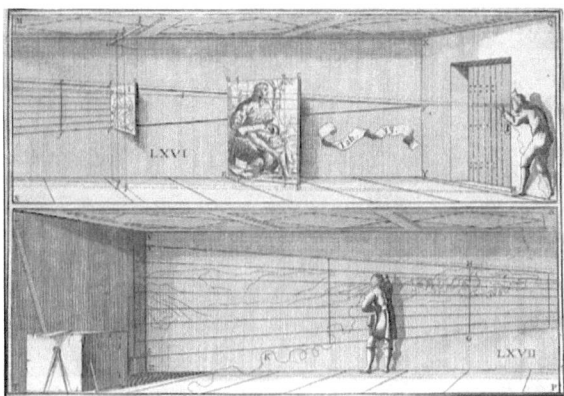

Jean-François Niceron, estudio de anamorfosis en *La Perspective curieuse, magie articielle des effets merveilleux de l'optique par la vision directe* (1638).

La correspondencia que subraya Harries entre perspectiva y mundo se establece al nivel de la conexión entre representación y epistemología. Pues a pesar del ilusionismo involucrado en la representación realista de la perspectiva albertiana, ella es manifestación de una atmósfera general (la del siglo xv y principios del xvi) marcada por la confianza del hombre en su capacidad epistemológica, compartiendo así, con el proyecto de la ciencia moderna que inaugura Descartes, la propensión a despojar la realidad hasta la médula de su soporte racional.

Por otro lado, los experimentos en «perspectivas curiosas» que conocemos como anamorfosis, han demostrado ser más afines al gesto de la duda metódica que a la representación racionalizada de la realidad. Aunque ya se pueden encontrar experimentos en anamorfosis en bocetos de Leonardo Da Vinci (dos dibujos en el *Codex Atlanticus*, 1483-1518), la teorización y proyección de este dispositivo surge recién en el siglo xvii, específicamente en la obra de Salomón de Caus y J. F. Niceron. De manera que, si bien su génesis y diseminación ocurre en el siglo xvi, el interés renovado por la anamorfosis cunde en el siglo XVII, cuando estos experimentos comienzan a adquirir un valor en sí mismos.

La mecánica de la anamorfosis no contradice los principios de la perspectiva lineal; exacerba sin embargo sus correspondencias espaciales al punto de producir un efecto paradójico, lleva las proporciones hasta sus consecuencias más absurdas, quebrando la ilusión de realismo; y más interesante aún, logra poner en cuestionamiento la propia premisa cognitiva del sistema albertiano: la confianza en que el mundo puede ser abarcado por la razón. En la anamorfosis (o como la llama Baltrusaitis, «el lado oscuro de la perspectiva»), las formas se proyectan en escorzo de manera que vistas frontalmente ofrecen apariencias ilegibles o monstruosas, y sólo vistas desde un punto de vista desplazado se vuelve a corregir la figura, recuperando su «sentido» primigenio y figurativo[4].

Las anamorfosis que recurren a juegos especulares son aún más ilegibles debido a que a la distorsión matemática se añade la curvatura natural de la refracción lumínica; y dentro de este grupo, las anamorfosis cónicas producen las imágenes más aberrantes, puesto que la conicidad del espejo transforma el centro de la imagen original en periferia y viceversa. Refiriéndose al colapso de la significación que ocurre en una de estas anamorfosis, Baltrusaitis escribe en *Anamorphic Art*:

> El mundo estalla en pedazos antes de reconstituirse. [...] Distorsionado en torno al espejo, la hermosa figura clásica [Venus y Adonis] asume un aspecto monstruoso. El jóven heroe es dividido en dos, con su cabeza apuntando hacia abajo. Sus miembros hinchados se ven vol-

---

[4] Niceron apunta 3 tipos de anamorfosis dependiendo del punto de vista. Óptico: cuando es horizontal a lo largo de una vasta galería. Anóptrico: cuando se ve desde abajo hacia arriba. Catóptrico: de arriba hacia abajo. Deben añadirse además las anamorfosis de tipo especulares: cilíndricas, las piramidales, cónicas, etcétera.

teados, sus pies en el aire. El cayado se dobla formando un arco. Los brazos de Venus parecen intestinos. El todo es un extraño remolino de piezas dispersas y amorfas ruinas anatómicas. (1977: 145; mi traducción)

La anamorfosis pone así de manifiesto el carácter artificial de la ilusión albertiana al revelar un hecho perturbador: es el punto de vista y no la representación misma lo que produce la ilusión de realidad. Y si los puntos de vista pueden multiplicarse *ad infinitum*, no sólo la representación sino la realidad misma se revela como una experiencia cuya infinita parcialidad es testimonio flagrante de su naturaleza ilusoria[5].

La confrontación de estas dos formas de representación ilumina el conflicto entre *la ironía escéptica* inherente en el desplazamiento inscripto en la anamorfosis, por un lado, y *el mito racionalista* que sugiere la visión despojada, monocular de la perspectiva lineal por el otro[6].

---

[5] Karsten Harries reconstruye la historia de la perspectiva remitiendo al «principio de la perspectiva», según el cual la conciencia de la perspectiva implica no sólo conciencia de lo que se ve sino además *conciencia de las condiciones que rigen la visión*. Así, Harries considera la *desconfianza al ojo* como uno de los rasgos distintivos de la emergencia de la visión moderna de la realidad, y la rastrea hasta Nicolás de Cusa (1401-1464), cuyo principio de la *docta ignorantia* revela que todo conocimiento se somete al poder distorsionador de la perspectiva en la medida en que no puede dar cuenta de la infinitud de centros posibles (2001: 43). El escepticismo que supone esta posición alimenta el proyecto idealista de Descartes, quien reconoce en Nicolás de Cusa un precursor. Es justamente a Nicolás de Cusa a quien se adjudica la secularización de la idea de dios, refiriéndose al universo como una esfera cuyo centro está en todas partes y la circunferencia en ninguna.

[6] La anamorfosis constituye un arreglo espacial, fundado en las leyes de la perspectiva, pero cuyo centro organizador se encuentra estructuralmente postergado. De hecho, la dificultad en el Barroco ha sido cifrada como la consecuencia del mantenimiento de varios puntos de organización, y muchos han articulado esta *distorsión* en el contexto del descubrimiento del movimiento elíptico de las órbitas planetarias, la elipse como un círculo con dos centros. Al respecto, véanse

Queda así suficientemente sugerido que la brecha entre estas metáforas de la representación artística que suponen la *nitidez* y la *distorsión* (ilustradas aquí por las leyes de la *costruzione legittima* y la anamorfosis) no implica una cuestión de principio sino de grado. Ambas categorías constituyen instancias antitéticas del mismo espectro representativo, que si bien abarca desde la «transparente» legibilidad literalista a la «opaca» ilegibilidad hermética, asume tanto la preexistencia de un centro de significación (una «señal» de origen) como el horizonte de un límite expresivo más allá del cual caduca toda posibilidad comunicativa. Cualquier intento de alcanzar un «grado cero» de opacidad expresiva (como se manifiesta, por ejemplo, en el acromatismo abstracto de Ad Reinhardt) funciona sólo en el marco histórico de la innovación; apenas adquirimos distancia crítica, estas ilusiones de opacidad terminan revelándose tan expresivas y artificiales como el impulso opuesto hacia el «grado cero» de transparencia. El juego de la expresión sólo puede darse entre estos dos límites[7]. Alberti termina el tratado *Della Pittura*, anunciando un

---

particularmente los textos de Severo Sarduy (1974) y Omar Calabrese (1992). Por otro lado, la perspectiva albertiana supone una geometrización del espacio cuyo centro absoluto se puede ubicar matemáticamente entre dos límites: el punto de vista y el punto de fuga. En el sentido en que la perspectiva lineal prefigura el espacio del idealismo cartesiano (un mundo de realidades puramente geométricas derivadas del Yo), el punto de vista y el punto de fuga pueden concebirse avanzando conjuntamente hacia ese último límite al que aspira el mecanicismo de la ciencia moderna: la suma de todos los puntos de fuga lanzados como flechas metódicas hacia ese blanco total que constituye la última explicación de la naturaleza, el fin del conocimiento.

[7] Reinhardt concebía el negro como ausencia de color, libre de toda asociación. Como ejemplo de la pérdida de opacidad del minimalismo en el distanciamiento histórico puede leerse *Uncharted Space: the end of narrative*, donde Jennifer Jeffers, lejos de leer el acromatismo abstracto como un elemento negativo, descubre una puerta de entrada al espacio inexplorado de la «Imagen», en un viaje similar al que se aventura Lyotard en su lectura de Barnett Newman. En el capítulo «Negro, nada, infinito. *Vanitas* y cuadros metafísicos en la pintura del Siglo de Oro» en

futuro total para el arte: «Creo que si mi sucesor fuera más dedicado y competente de lo que soy yo, sería capaz de transformar la pintura en absoluta y perfecta» (1950: 98; mi traducción). No hubiera podido saber Alberti que ese sucesor más dedicado y competente existiría y que se llamaría Richard Estes (n. 1932); menos aún imaginaba que, como el mapa total que concibe Borges en «El rigor de la ciencia», la pintura «total» sólo alcanzaría la negación absoluta y perfecta de la representación. En *Symbolic Exchange and Death*, Jean Baudrillard parece expresar esta misma idea sobre la problemática «totalidad» hiperrealista:

> Por medio de la reproducción de un medio en otro, lo real se vuelve volátil, se torna la alegoría de la muerte; pero también adquiere fuerza

---

Barroco, Fernando de la Flor analiza la significación del negro (particularmente el fondo en los bodegones tenebristas de Sánchez Cotán) como clausura de la representación, desde un punto de vista y con un lenguaje que parece coincidir con el enfoque aquí presentado: «[si] una representación se ofrece siempre como aislada de un *continuum* espacio-temporal, podemos inferir que las imágenes avanzan hacia el paroxismo de su límite final o, por el contrario, se minimalizan, se vacían, se desconstruyen, acercándose cuanto puedan a una escena en la que ya no son o, mejor, en la que todavía *no eran*. "Nacimiento" y "muerte", pues, de la imagen, podríamos decir» (2002: 78). Sin embargo, en el caso de la polaridad blanco-negro ofrecida por de la Flor, estas categorías límite se muestran como límites de la existencia de la imagen; es decir, como expresiones metafóricas de una preocupación ontológica (origen y fin), y no como límites de la representación en un marco de análisis epistemológico. Ya el contraste entre los polos blanco-negro y los de transparencia-opacidad indica por sí mismo las diferencias de estos dos enfoques. Por mi parte, intento distinguir entre lo transparente como la ilusión de la articulación total (que incluye lo irrepresentable y lo infinito) y lo opaco como ilusión de relativización de ese proyecto, a veces rozando para ello los límites de la ausencia expresiva (ya sea negra o blanca). Para de la Flor, en cambio, más allá del blanco y el negro «nos espera la nada, lo inexpresivo, lo irrepresentable, lo infinito». Esta visión no puede ocultar una subrepticia religiosidad; tal como fue expresado por Pascal y significativamente citado por de la Flor: «nada puede fijar lo finito, entro los dos infinitos que lo contienen y le huyen» (2002: 109).

de su propia destrucción, transformándose en lo real por sí mismo, un fetichismo del objeto perdido que ya no es más el objeto de la representación sino el éxtasis de la negación y su propia exterminación ritual: lo hiper-real. (1981: 72; mi traducción)[8]

La negatividad de lo hiperreal remite a la idea de totalidad como ilusión. El intento de hacer coincidir absolutamente la representación con su objeto se equipara con la muerte del objeto, con un ritual de su muerte que, según la perspectiva distorsionada del propio Baudrillard, no está vaciado de contenida potencia extática.

El recurso estilístico de la *distorsión* debería entenderse, desde este enfoque, como manifestación de un desajuste (falla intrínseca en la sintonía) destinado a perturbar los mecanismos de la transmisión. Entre estos mecanismos pueden incluirse el ángulo, la distancia, el foco, la sintaxis, los puntos de vista, la iluminación, la legibilidad, la causalidad, la linealidad temporal, o la continuidad narrativa. Estas perturbaciones sugieren, como lo indican señaladas expresiones de la modernidad, el quiebre de las correspondencias que posibilitan o asumen el significado, desafiando así, transitivamente, la validez o la propia existencia de toda significación, y por lo tanto del mundo.

El encuentro de las paralelas

La apropiación del concepto de la anamorfosis, para ser aplicado en el campo de los estudios literarios, responde a una tradición que

---

[8] En este caso, el giro hiperrealista invertiría la propuesta de Alberti, alcanzando el polo de la negación, la muerte, la opacidad; de todos modos, todavía nos encontramos históricamente comprometidos con ese mecanismo de la volatilización de lo real que pone en marcha el hiperrealismo. Tendencias en la creación de realidades virtuales en el contexto del nuevo arte digital amenazan con quebrar, una vez más, esta ilusión de «total opacidad». He desarrollado estos temas en Baler 2002.

podría remontarse a la comparación que hace Galileo entre anamorfosis y alegoría en sus *Consideraciones a Tasso* (1589)[9]. Los poetas y teóricos del siglo XVII tampoco ignoraban la conexión entre las agudezas visuales y las textuales; particularmente Emanuel Tesauro, el teórico del manierismo, quien en su tratado sobre el «ingenioso escribir» (1654) propone la arquitectura ilusionista de la galería del Palazzo Spada como criterio literario[10]. En la actualidad, ya superando el hiato del siglo XVIII y XIX en que la anamorfosis no fue más que una «curiosidad de salón», se suele reconocer en Ernest Gilman a un iniciador de esta apropiación al haber recurrido, en *Curious Perspective* (1978), a los experimentos de las perspectivas curiosas (no sólo ana-

[9] Habría quizás que dar crédito a Galileo por esta apropiación. Ya en 1589, en sus *Consideraciones sobre Tasso*, hace suya esta interpolación de lo visual a lo textual cuando, criticando las «aberraciones» de la *Jerusalén Liberada*, condena la poesía alegórica como una perversión de la naturalidad del relato y equipara esa vocación con las perspectivas paradójicas que, según Galileo, «Muestran una figura humana al verlas de costado pero, observadas frontalmente (tal como lo hacemos de manera natural), no muestran sino un amasijo de líneas, colores y formas extrañas y quiméricas. [de igual manera, la poesía alegórica] insta a la narrativa lineal a adaptarse a un sentido alegórico, como si se la viera oblicuamente, obstruyéndola, de esta manera, con fabricaciones fantásticas y superfluas» (en Panofsky 1956: 4). Severo Sarduy, quien recupera esta conexión en *Barroco*, comenta perceptivamente sobre el hecho de que Galileo no sólo rechaza la polisemia que resulta de estos recursos «perversos» (alegoría-anamorfosis), sino también el propio desplazamiento (mental o visual) que requiere su percepción, pues en los márgenes de ese movimiento se revela flagrantemente el carácter igualmente convencional de los modos «naturales» de representación: «Si el reproche de Galileo a la alegoría y la anamorfosis constituye un rechazo formal de la polisemia –soporte del barroco–, su repudio a enderezar la imagen de la anamorfosis mediante un desplazamiento del punto de vista y la adopción de un segundo centro, lateral, revela una fobia del descentramiento» (Sarduy 1974: 49-50).

[10] La referencia se encuentra en Hocke (1961: 145), quien dedica muchas páginas al impacto de Tesauro en el pensamiento manierista. El título completo de la obra de Tesauro (1591-1667): *El catalejo aristotélico o la idea del ingenioso escribir... aclarado con ejemplos del divino Aristóteles* (1654). La ilusión arquitectónica a la que hace referencia fue creada por Borromini en 1635.

morfosis sino también juegos de espejos, lentes, telescopios y prismas) para iluminar textos pertenecientes a la poesía inglesa del siglo XVII. En el ámbito de las letras hispanas, César Nicolás (*Las anamorfosis de Quevedo,* 1986), y David Castillo (*(A)wry Views,* 2001) se cuentan entre los pocos que han explorado este camino. En *(A)wry Views*, Castillo logra demostrar la afinidad estética e histórica que existe entre formas discursivas del siglo de oro español y el desarrollo de las perspectivas paradójicas. Según Castillo, obras como *El Quijote*, entre tantos otros textos de Cervantes en particular y del Siglo de Oro en general, «desafían creencias firmemente establecidas acerca del mundo en la misma manera que ciertas formas de perspectivas anamórficas revelan el carácter arbitrario e inacabado de toda visión total» (2001: 2; mi traducción).

Fernando de la Flor, en *Barroco*, recurre a lo que podría catalogarse como una distorsión teórica al desestabilizar la lectura maravalliana de la cultura del Barroco como *cultura dirigida*, recuperando «una visión de la *lógica cultural* del Barroco hispano en cuanto anomalía y desviación de un horizonte de racionalización productiva» (2002: 14), es decir, como fisura en la hegemonía de la razón moderna, y entiende la obra de arte barroca como «encarnando una "energía nihilificadora" (una fuerza radicalmente escéptica)» (2002: 13). Es en este marco que de la Flor localiza la «aberración» de las producciones simbólicas del arte barroco hispánico, las cuales:

> Llevan en sí mismas los gérmenes de su desautorización, las semillas de su *desconstrucción*, y los elementos mismos de su desengaño, mostrándose intencionalmente en un *trompe-l'oeil*, y revelando, con suma destreza persuasiva y retórica, la estructura fatal de una *illusio*, sobre la que al fin todo se funda. (2002: 22)

Tomando como referencia el perspectivismo cervantino, vemos cómo la dinámica impuesta por la pluralidad de puntos de vista suprime la posibilidad de anclar el texto en el fondo de una adecuación puntual entre la realidad y su representación. Esta desestabilización, que se destaca en *El Quijote*, se verifica no sólo por el legendario conflicto entre diferentes percepciones de la realidad (el suceso de los Molinos, el yelmo de Mambrino, etcétera) sino a un nivel más estructural por la inestabilidad de las fronteras que median entre ficción y realidad. Interpolados en el mundo de *El Quijote* experimentamos tanto la sublimación de nuestra realidad como la transubstanciación de todo estado ficticio. Uno de los caminos que conducen hacia esta experiencia *extravagante* es el desplazamiento fluido entre los puntos de vista del lector real y el lector ficticio: un corrimiento que produce una desorientación cercana a la de los juegos anamórficos. Como señala Américo Castro: «El tema y la preocupación de Cervantes giraban en torno a cómo afectase a la vida de unas imaginadas figuras el hecho de que el mundo de los hombres y de las cosas se refractara en incalculables aspectos» (1972: 84). Entre esas «imaginadas figuras» Castro debiera quizás haber incluido de manera más explícita a los lectores ficticios y a los lectores reales.

En los capítulos que abren la segunda parte de la novela, el bachiller Sansón Carrasco da cuenta a don Quijote y a Sancho de sus propias aventuras (es decir, las de la *Parte I*) tal como han aparecido publicadas en el libro *El ingenioso hidalgo don Quijote de la Mancha* (es decir, la *Parte I*). Cuando Sansón Carrasco pide a Sancho que aclare la historia del «rucio» y de los cien escudos que había hallado en Sierra Morena, Sancho dice: «En acabando de comer satisfaré a v. m. y a todo el mundo de lo que preguntar quisieren» (2.III). Cuando en el capítulo siguiente Sancho aclara ambos puntos se entrecruzan entonces los lectores ficticios con los lectores reales, pues coinciden en esa instancia dos tiempos paralelos: el tiempo interno de la ficción (Sansón Carrasco y «todo el mundo» como lectores anticipados de la ficticia segunda parte del Quijote) con el tiempo externo de la lectura real (nosotros como testigos rezagados de un texto que relativiza su existencia al ficcionalizarse como previo a su propia escritura). Sancho asume que al contar la historia, esta va a escribirse (un primer distanciamiento irónico sobre la existencia patente del texto que estamos leyendo y que incluye dicho relato) y que todo lo que diga se incluirá en ella (al igual que la biografía «en tiempo real» de Gines de Pasamonte, la vida coincide puntualmente con la biografía, el decir con el escribir). Se ofrece así una escritura desdoblada que se revela simultánea a los lectores ficticios de un texto en potencia y a los lectores reales de un texto actual que se presenta como ficcionalización de su ausencia. Es esta una forma textual de anamorfosis en la medida en que somos testigos de un desdoblamiento temporal y ontológico que subraya la anfibia posición, entre el interior y el exterior, la ficción y la realidad, entre la metáfora y la literalidad, a que es proyectado el lector. Como escribe Castillo, la incorporación del lector real en el mundo ficticio del texto es uno de los aspectos centrales del artificio cervantino: «el lector cervantino ("lector mío") es "construido" como un observador interno/externo que puede ser identificado como el verdadero poseedor de la mirada oblicua» (2001: 132; mi traducción). Como lectores ocupamos un punto de vista excéntrico, multiplicado: estamos leyendo simultáneamente lo que ya se escribió y lo que todavía se va a escribir. Somos el lector ficticio en actualidad y el lector real en potencia. Este distanciamiento crítico del estatus ontológico de la ficción que se ofrece como comentario irónico acerca del status ontológico de la realidad queda cabalmente ilustrado cuando, ya bien entrado el capítulo IV de la segunda parte, el propio protagonista pregunta «Y por ventura [...] ¿promete el autor segunda parte?»[11].

---

[11] Esta «invaginacion lógica» es típica del humor cervantino, que puede operar ya al nivel estructural, como en el ejemplo citado, o al nivel textual (satírico), como cuando en *El coloquio de los perros* el animal dice haber aprendido la moraleja de una fábula de Esopo (1972: 82). En «Magias parciales del Quijote», J. L. Borges, inquietado también por la magia que implica esta invaginación ontológica, cree

Intentar una lectura dadaista de *El Quijote* equivaldría quizá a una descomunal aventura crítica; sin embargo, anticipa este gesto cervantino aquella bufonada del poeta Philippe Soupault, quien en 1919, muchos años antes del advenimiento del «performance art», entraba a los edificios de Paris a preguntar si por casualidad vivía allí Philippe Soupault[12]. El origen Dada de esta acción surrealista se revela en una de las tantas divisas del *Manifiesto* de Tristan Tzara (1918), donde expresa su visión del arte pictórico con un lenguaje que remite no sólo a esta lógica de la imposibilidad dadaista sino, además, a la cuestión de las perspectivas paradójicas: «Un cuadro es el arte de hacer que dos líneas geométricamente paralelas se encuentren, sobre una tela, delante de nuestros ojos» (2006: 14). El epígrafe con que Alfred Jarry abre *Gestes et opinions du Docteur Faustroll, pataphysicien* (1898) ilustra, con fabulosa simpleza, esta dialéctica patafísica que hace de la tautología una travesía paradojal: «De Paris a Paris par la mer»[13].

Recurriendo al legendario dibujo que puede interpretarse como un pato o como un conejo, E. H. Gombrich intenta demostrar en *Art and Illusion* la necesidad de anclar la interpretación en una figura con exclusión de la otra, es decir, la imposibilidad de una simultaneidad

---

encontrar la razón de esa inquietud: «si los caracteres de una ficción pueden ser lectores o espectadores, nosotros, sus lectores o espectadores, podemos ser ficticios» (1974: 669).

[12] Citado por André Breton en una nota al pie de sus *Manifiestos del Surrealismo* (1985: 67).

[13] Macedonio Fernandez traduce esta lógica paradojal de Jarry al humor paródico que lo caracteriza: «El puente ya estaba concluído, sólo que había que hacerlo llegar a la otra orilla porque por una módica equivocación había sido dirigida su colocación de una orilla a la misma orilla» (1968: 61). Y continuando con este herbario de hallazgos paradojales habría que añadir el citado por Gracián en el Discurso XXX de su *Arte de Ingenio* (De las acciones ingeniosas por invención), donde se cuenta la anecdota de Diógenes el cínico, quien en pleno día prendió una antorcha y salió a la plaza diciendo: «estoy buscando a un hombre» (1998: 297).

de lecturas contradictorias en la decodificación de la representación pictórica:

> *No podemos experimentar lecturas alternativas al mismo tiempo.* Descubriremos que la ilusión es difícil de describir o analizar, porque aunque seamos conscientes, intelectualmente, de que toda experiencia dada deba ser una ilusión no podemos, estrictamente hablando, vernos a nosotros mismos experimentando una ilusión. (1961: 6; énfasis mío)

Sin embargo, en el caso aquí considerado de la segunda parte de *El Quijote* (así como los ejemplos afines de las vanguardias), no solamente se nos inhibe todo anclaje en una interpretación unívoca, sino que además somos lanzados a una deriva equidistante entre dos interpretaciones contradictorias. Si bien los ejemplos provistos por Gombrich evidencian la imposibilidad óptica de mantener dos interpretaciones simultáneas, el tipo de ironía que me propongo explorar en *El Quijote* (como momento representativo del quiebre epistemológico que encarna la modernidad) se basa en la experiencia intelectual de esa simultaneidad, de esa superposición.

Esta divergencia entre lo óptico y lo literario no desafía, sin embargo, el paralelismo entre el arte visual y el verbal: la fluidez entre los puntos de vista interiores y exteriores en *El Quijote* puede compararse, y de hecho se ha insistido en ello, con el tráfico de perspectivas reales y ficticias que se plantea, por ejemplo, en *Las Meninas* (1656)[14]. Ocupado allí en retratar a Felipe IV y su mujer Mariana, Velázquez es transformado en protagonista tanto ante las miradas de

---

[14] La historia de esta apreciación es larga y comienza antes del análisis que de *Las Meninas* ensaya Foucault en *Les mots et les choses*. Orozco Díaz ya en 1943 publicó un ensayo «Sobre el punto de vista en el barroco» donde estudia «esta visión envolvente y de proyección hacia afuera del cuadro» (1965: 70) especialmente representada en *Las Meninas*, que luego desarrolla en *El barroquismo de Velázquez*. Allí señala Orozco Díaz como precursora la legendaria reacción de Gautier ante el cuadro de Velazquez: «Pero, ¿dónde está el lienzo?».

los reyes ilusorios como de los espectadores del cuadro concreto. El pintor mira hacia los reyes pero su mirada se dirige hacia el exterior de la tela, y el espectador, que ocupa ese espacio doblemente real y ficticio, se ve burlado una vez más al verse escamoteado en el espejo representado y al descubrir, en cambio, el reflejo de la pareja «real». El espectador, por otra parte, se reconoce parado frente a la tela, en el exacto lugar que ocupó Velázquez mientras se retrataba a sí mismo en pose de mirar hacia el exterior. *Las Meninas* desafía el sistema de la perspectiva lineal sobre el que, de hecho, se funda, no por cambiar el centro de organización de la imagen sino por multiplicarlo hasta la parodia, por la agudeza con que abre ese centro (la tela por detrás, el espejo biselado, la puerta abierta) hacia el exterior en que nos encontramos: la representación y la realidad se confunden al infinito como espejos enfrentados, revelándose como mutuas puestas en abismo, al filo del abismo de la ilusión que reflejan. Estos y otros tantos juegos de superposiciones y persecuciones de puntos de vista, estas porosidades que se extienden entre la interioridad ficticia y la exterioridad tangible en *Las Meninas* se han estudiado de forma exhaustiva (Maravall, Orozco Díaz, Foucault, Ernst Gilman); valga sólo mencionar que uno de los aspectos desestabilizadores tanto de *Las Meninas* como de *El Quijote* radica, justamente, en que suscitan un reconocimiento intelectual que es, a su vez, una vivencia práctica de la paradoja de la simultaneidad: experimentamos en estas obras lecturas alternativas de manera simultánea y por lo tanto, en contradicción con el axioma de Gombrich, somos capaces de vernos a nosotros mismos siendo protagonistas de una ilusión; siendo ilusión. Este es justamente el aspecto que rescata Ernest Gilman en su lectura de *Las Meninas*:

> El asunto, por supuesto, radica menos en decidir cuál de estas posibilidades es la correcta, que en reconocer que el artista nos propone todas simultáneamente; y que nuestro asombro, la sacudida a nuestros confortables supuestos sobre la posibilidad de descubrir y juzgar la

verdad de las cosas de manera inequívoca o decidirse por una interpretación única en un mundo de dobles, es sin lugar a dudas, una parte del significado de la obra maestra de Velázquez. (1978: 213; mi traducción)

Es cierto que en los experimentos de perspectivas paradójicas debemos reacomodar el punto de vista para leer la imagen en términos de su legibilidad figurativa; sin embargo, ya frontalmente ellas remiten a la simultaneidad de lecturas en la medida en que sugieren la coexistencia intrínseca de la aberración y el orden; y de hecho, es en esa simultaneidad y no en el reacomodamiento sucesivo donde radica el poder desestabilizador de la ambigüedad anamórfica. Un poder desestabilizador que se manifiesta de manera mucho más sutil en la ambigüedad de obras como *Las Meninas* o *El Quijote* y en el que se cifra ese tipo de ironía inestable[15] que, como diría Schlegel, se encarna en la paradoja: «La Ironía es la forma que toma la paradoja»[16].

Si bien el tipo de irresolución que se encuentra en la arquitectura misma de *El Quijote* ha instado a Schlegel a asociar la elusividad de la ironía cervantina con la movilidad de la «ironía romántica», se vuelve forzoso distinguir entre el escepticismo que subyace al universo barroco (el hispánico en particular) y el idealismo de la cosmovi-

---

[15] En *A Rethoric of Irony*, Wayne Booth hace una distinción entre ironías estables (que pueden ser reconstruidas) e ironías inestables que eluden una interpretación razonablemente definitoria. Véase Furst 1984: 5.

[16] «Three core strands of Schlegel's thought on irony, i.e. the role of consciousness, the assent to mobility, and the notion of paradoxicality, are united in a key aphorism often cited as Schlegel's definition of irony: [...] ('Irony is clear consciousness of eternal mobility, of the infinite fullness of chaos') This can only be understood holistically within the web of Schlegel's theory as a summation of his belief that the infinite world is contradictory and can therefore be mastered only through the conscious floating of an ironic stance. Puzzling though that dictum may seem [...], it contains a view of irony illuminating for a Kafka, a Beckett, or Cervantes. Irony is transformed into a way of seeing the world, of embracing within one's consciousness paradox and chaos» (Furst 1984: 27).

sión romántica (particularmente germánico). Por esa razón, aunque el concepto de «ironía romántica» sea esclarecedor, recurriré (a los efectos de la dimensión expresiva que pretendo articular) al término más general de «ironía moderna», o mejor, «ironía barroca», como forma de evitar esa asociación con el romanticismo concebida más a nivel de sensibilidades poéticas que de afinidades epistemológicas[17].

La acepción clásica de la ironía remite a una forma de *inversión* mientras la ironía moderna plantea una «indefinida indecibilidad». En *Fictions of Romantic Irony*, Lilian Furst desarrolla esta distinción:

> Como un medio de expresión literaria, el potencial de [la ironía moderna] excede largamente la inversión elemental de significado sobre

---

[17] En contraste con la ironía retórica basada en la *inversión*, esta ironía moderna, fundada en la *superposición*, enfrenta la apariencia y la realidad en una perplejidad mutua que la afilia con esa ironía que, a partir, de los escritos de Schlegel, se ha dado en llamar, con desacierto, ironía romántica. De hecho, el término ironia romántica no fue comúnmente utilizado por Schlegel o, para el caso, por ninguno de los teóricos contemporáneos a él (Tieck, August W. Schlegel, Solger o Adam Muller). Para una detallada historia de la evolución del concepto de ironía romántica se puede consultar el trabajo de Furst, *Fictions of Romantic Irony* (1984), y en particular las primeras 30 páginas. Allí Lilian Furst misma se apura en reconocer las limitaciones de la lectura que los románticos hicieron de *El Quijote*: «lo sacaron de contexto, pasaron por alto el propósito satírico y las técnicas burlescas de la novela, idealizaron al héroe y cargaron a la obra con un simbolismo que reflejaba su propia ideología, estética y sensibilidad» (1984: 20; mi traducción). Las diferencias entre todas las obras que pueden ser consideradas como operando en el ámbito de la *ironía romántica,* de Dante a Shakespeare, de Cervantes a Göethe, de Stern a Diderot, de Kafka a Borges o Beckett, deberían ser abordadas como objetivo de un trabajo crítico no sólo destinado a ahondar en los alcances del concepto de «ironía romántica», sino además comprometido a detallar una historia de la imaginación epistemológica. En todo caso, tal proyecto supera el marco del tema de este trabajo. En el capítulo primero, «Metáfora: La orquesta trágica», que orbita en torno a la agudeza barroca y la metáfora modernista y de vanguardia, abordaré, sin embargo, el contraste entre la ironía barroca y la romántica en el contexto del espíritu que preside todo proyecto modernista.

la que se basan la mayoría de las definiciones. [...] En lugar de una inversión directa, [la forma más sutil] de la ironía prefiere *la refracción oblicua* [...] En este sentido, la ironía representa un tremendo enriquecimiento para la expresión literaria, *una sutil energía interna* que da acceso a nuevas dimensiones al extender el rango de las referencialidades de un texto. (1984: 12; traducción y énfasis son míos)

La ironía moderna transforma así un tropo retórico en una estética, una filosofía: expresa opuestos sin neutralizarlos, contiene e inspira un sentido del antagonismo indisoluble entre lo absoluto y lo relativo, entre la universalidad y lo indeterminado. La ironía moderna encontró su expresión en esa paradójica actitud de construcción y destrucción simultánea que, si bien no implica el fin del Mito, lo mantiene en perpetua vacilación al borde del agotamiento: «Todo este mundo que nos rodea está en un tris, tanto si se trata de un yelmo como de la noción del bien y el mal» (Castro 1972: 83).

Por supuesto ambos tipos de ironía (la clásica y la moderna) se encuentran en *El Quijote*; no obstante, muchos se han concentrado en la ironía cervantina en términos de ironía retórica; en su carácter contradictorio, de inversión: el sueño visto como realidad, la locura como cordura, lo sublime como lo soez, lo heroico como necedad, el honor como una forma de perversión. Sin embargo, en la medida en que se intente resaltar la dimensión epistemológica de las expresiones artísticas, habría que privilegiar el alcance de los mecanismos de la «ironía barroca» como desafío al mito racionalista de la legibilidad del universo.

Ortega y Gasset contrapone el estilo de Velázquez al de Rafael. El naturalismo de Velázquez[18], escribe Ortega, se limita a reproducir la entidad visual de la realidad, prescindiendo de toda alusión táctil; el

---

[18] Ortega define con el siguiente giro filosófico la vocación de pincelada rápida de Velázquez: «es todo lo contrario de un romántico, de un afectivo, de un tierno, de un místico. No le importa nada de nada. Por eso *toma* el objeto,

idealismo de Rafael, en cambio, corrige la realidad para proyectar en ella una perfección que no le pertenece. De aquí el carácter *inacabado* con que se ha descrito la pintura de Velázquez que es, según Ortega, su aporte radical: «Había hecho [Velázquez] el descubrimiento más impopular: que la realidad se diferencia del mito en que no está nunca acabada» (1965: 479). Esta distinción entre lo *inacabado* y el *mito* profundiza la dinámica entre la *distorsión* y la *nitidez*. Lo inacabado recrea la precariedad e inestabilidad del conocimiento del mundo; el mito, la ilusión de un absoluto tan definido en sus contornos como inaccesible en su trascendentalidad. La irresolución que produce la *ironía barroca* apunta hacia ese desocultamiento del mito como ilusión de trascendencia.

Estética de la inestabilidad

Si acaso se puede atisbar en Velázquez o en Cervantes el «momento» en que, como manifestación del escepticismo que subyace al quiebre epistémico de la modernidad, se desarrolla esta ironía de lo inestable, J. L. Borges marca un momento en que esa dialéctica del sentido y el sinsentido otorga expresividad al renovado y festivo nihilismo que más tarde definirá un aspecto central de la sensibilidad postmoderna. Ese momento no se encuentra en la prosa iridiscente de Martí o en el simbolismo de Ruben Darío, sino en la distorsión categorial (espacial, temporal, lógica) que asoma en las primeras decadas del siglo XX y de manera particular en la obra de Borges. Y si fuera excesivo identificar ese momento con la obra de Borges, no lo es, sin embargo, ver su obra como una representación destacada de ese momento, particularmente en Latinoamérica,

---

no va a él, no lo prende ni toca, sino que lo deja estar ahí –lejos– en ese terrible "fuera" que es la existencia fuera de nosotros» (1965: 478).

donde su invención logra sintetizar la transición del neomanierismo modernista (rubenista) al neobarroco postmoderno[19].

No faltará quien reproche toda sugerencia de afinidad entre la escritura de Borges y la estética barroca[20]. Sin embargo, la defini-

---

[19] En el prólogo a la edición de 1954 de su *Historia universal de la infamia*, Borges escribe: «Yo diría que barroco es aquel estilo que deliberadamente agota (o quiere agotar) sus posibilidades y que linda con su propia caricatura [...] Es barroca la fase final de todo arte, cuando este exhibe y dilapida sus medios» (1974: 291). Ese comentario, que contrabandea una visión más próxima a la actitud neoclásica del siglo XVIII y XIX, teñida del enfoque evolucionista de Henry Focillon (*Les vie des formes*, 1934), dice más sobre la evolución de la noción de «barroco» que sobre el descrédito en que Borges podría tener a ciertos autores del Siglo de Oro, cuyo impacto es fundamental en su producción desde el principio, más allá de su incapacidad para prever el alcance de esas influencias en términos del barroco. Para rastrear la evolución de Borges en torno al culteranismo y al rubenismo se pueden comparar las siguientes instancias de su crítica. En *Inquisiciones*, *Borges escribió*: «el gongorismo fue una intentona de gramáticos a quienes urgió el plan de trastornar la frase castellana en desorden latino, sin querer comprender que el tal desorden es aparencial en latín y sería efectivo entre nosotros por la carencia de declinaciones» (1925: 45). En la edición de 1955 de *Evaristo Carriego*, al pie de una crítica a Darío, Borges escribe una nota apologética que nos permite espiar el vuelco crítico: «Conservo estas impertinencias para castigarme por haberlas escrito. En aquel tiempo creía que los poemas de Lugones eran superiores a los de Darío. Es verdad que también creía que los de Quevedo eran superiores a los de Góngora» (en Rodríguez Monegal, «Borges lector del barroco español», 1978: 467).

[20] Néstor Perlongher examina, en *Prosa plebeya*, la relación entre el barroco áureo y su transposición al neobarroco americano, pero a partir de una concepción que descansa más sobre la gestualidad artificiosa del manierismo que sobre la turbulencia sistémica del barroco; y lo hace a través de una lectura tendenciosa de Lezama Lima, Severo Sarduy y Michel Foucault que le permite enfocar el barroco desde su propio neo-manierismo rioplatense. Remitiendo más al efectismo colorista de Jacopo da Pontormo que al dramatismo claroscuro de Caravaggio, Perlongher entiende el barroco como «Poética del éxtasis: éxtasis en la fiesta jubilosa de la lengua en su fosforescencia incandescente» (1997: 94). Y desde esta perspectiva, concibe como neobarroca la promiscuidad metonímica, rizomática de Lamborghini, en tanto que el universo narrativo de Borges es visto como un

ción general de barroco aquí sostenida en términos de inestabilidad promovida por el mecanismo de la ironía moderna, permite abarcar tanto las poéticas de la exuberancia (Góngora, Lezama Lima) como las de la concentración (Quevedo, Borges). En este sentido, la obra de Borges, tempranamente inspirada en Quevedo, se presenta como expresión emblemática de lo neobarroco. Como bien señala Rodríguez Monegal en su artículo «Borges, lector del barroco español», lo que desde un principio atrae a Borges de Quevedo, y así lo registra en *Inquisiciones*, es el interés por el acto mismo de pensar como acto de lenguaje:

> El «ritmo del pensar» es lo que, según Borges, interesaba a Quevedo, y de aquí que hable del «quevedismo» como «psicológico». [...] Para Borges, la psiquis abarcaba mucho más [que cambiantes estados emocionales, caprichos de la sensibilidad y la fantasía, aventuras de la memoria o la voluntad] y no excluía, sino que instalaba en su mismo centro los mecanismos más sutiles de la percepción, la comprensión, la intelección, etcétera. (1978: 465)

Esa trayectoria que va de las «figuras de lenguaje» a las «figuras de pensamiento» (un contraste que a su vez recuerda la distinción entre ironía retórica e ironía barroca) es esbozada proféticamente en el artículo «Después de las Imágenes» (*Inquisiciones*), donde Borges traza, ya en 1925, una hoja de ruta para su propia evolución narrativa cifrada en el salto de la metáfora ultraísta a la creación de realidades alternativas. Según Borges, la metáfora «fue el conjuro mediante el cual desordenamos el universo rígido» (1925: 27), pero esa «travesura» (o en el mejor de los casos «hechicería») debe ser trascendida

---

impulso contrario, producto de «esos salones de letras rioplatenses, desconfiados por principio de toda tropicalidad e inclinados a dopar con ilusión de profundidad la melancolía de las grandes distancias del desarraigo» (1997: 97).

por la aventura heroica que supone «añadir provincias al Ser, alucinar ciudades y espacios de la conjunta realidad» (1925: 28):

> Ya no basta decir, a fuer de todos los poetas, que los espejos se asemejan a un agua. Tampoco basta dar por absoluta esa hipótesis y suponer, como cualquier Huidobro, que de los espejos sopla frescura o que los pájaros sedientos los beben y queda hueco el marco. […] hay que mostrar un individuo que se introduce en el cristal y que persiste en su ilusorio país […] y que siente el bochorno de no ser más que un simulacro que obliteran las noches y que las vislumbres permiten. (1925: 29)[21]

Esa *voluntad de otra ley* define en la obra de Borges el interés metafísico por la creación demiúrgica de universos alternativos, ya estén regidos por la realidad pluridimensional de «El jardín de senderos que se bifurcan», por el caos dilatado y periódico de *La biblioteca de Babel* o por la intriga de eterna regresión onírica de *Las ruinas circulares*. Bárbara Mujica también ha visto en el lábil universo borgeano la conexión con el Siglo de Oro, aunque establezca esa conexión con el Borges de *Ficciones* y no con el temprano Borges ultraísta, para quien los experimentos retóricos ya estaban cargados de impulso metafísico:

> La subjetividad de Borges, su cuestionamiento de la realidad externa, su refutación del tiempo y su evolución, como la llama Ronald Christ, «de la metáfora lírica hacia el concepto metafísico», de «figuras de

---

[21] Un año después, en *El tamaño de mi esperanza*, Borges reconoce que la propia metáfora ultraísta no fue simplemente un desorden sino ella misma «la voluntad de otra ley» (1993: 70). De todos modos, así fuera posterior o se encontrara prematuramente en la experimentación vanguardista, esa *voluntad de otra ley* define la distorsión en la obra de Borges. Aquí la cita completa: «El ultraísmo, que lo fió todo a las metáforas y rechazó las comparaciones visuales y el desapacible rimar que aún dan horror a la vigente lugonería, no fue un desorden, fue la voluntad de otra ley» (1993: 70).

lenguaje» a «figuras del pensamiento», encuentra paralelos remarcables en el Siglo de Oro. Estas similitudes no son gratuitas. Los escritores del Siglo de Oro proveyeron a Borges de modelos de expresión literaria que reflejaban la visión escéptica que caracterizó el tiempo de ellos así como el suyo propio. (1997: 194; mi traducción)[22]

Es esta veta metafísica la que ha unido a Borges y al polímata de la vanguardia Xul Solar: ambos ensayan utopías, conscientes de que dedicarse a la construcción minuciosa de un mundo sin existencia, desde los peces a la poesía, exhibe soslayadamente la precariedad de toda realidad. De la misma forma en que la anamorfosis revela el ilusionismo de la perspectiva lineal, los mundos alternativos, al desplazar las convenciones más elementales (a veces un desplazamiento mínimo como el cambio del sistema decimal al duodecimal que practica Xul Solar) revelan la relatividad intrínseca de todo sistema, sobre todo, los propios.

En el prólogo a una exposición de Xul Solar, Borges escribió: «Xul abrazó el destino de proponer un sistema de reformas universales. Quiso recrear las religiones, la astrología, la ética, la sociedad, la numeración, la escritura, los mecanismos del lenguaje, el vocabulario, las artes, los instrumentos y los juegos» (en Anaya 2002: 197). Inspirado sin duda en estos desproporcionados proyectos de Xul Solar, Borges concibió «Tlön, Uqbar, Orbis Tertius», donde una secta secreta asume la colosal misión de inventar un país[23]. Signi-

---

[22] Debería hacerse aquí una salvedad. Según Ronald Christ, la aparente crítica que Borges lanza a la metáfora en «Otra vez la metáfora» (*El idioma de los Argentinos*), «muestra a Borges en el acto mismo de transformar una metáfora retórica, elemento básico del período ultraísta, en una proposición metafísica, el elemento básico de su arte de madurez» (1969: 14). Y aunque reconozca Christ que ambas preocupaciones se intercalan desde temprano en su carrera, no alcanza a ver la dimensión metafísica de la metáfora ultraísta, como se verá en el capítulo siguiente.

[23] En lo que podría leerse como una suerte de parodia *avant la lettre* al impulso grandilocuente del Boom que recupera las grandes narrativas americanas

ficativamente, el punto de partida del cuento es «la conjunción de un espejo y de una enciclopedia» (1997: 13): desde el principio se superponen los emblemas de la ilusión y la Ilustración. «Desde el fondo remoto del corredor, el espejo nos acechaba» (1997: 14). Ese espejo, que nos refleja inversos y distantes de nuestros propios cuerpos, es el pretexto, como en Lewis Carroll, para ensayar otras combinaciones de existencia; en este caso, la región de Uqbar registrada elusivamente en una enciclopedia. Pero en una de esas puestas en abismo que llevan la marca del humor borgeano, en tanto desafían la frontera que divide la ficción de la realidad, somos nosotros mismos, como improvisados personajes, quienes debemos recorrer junto al autor, transformado en narrador y luego en lector, una oblicua topografía bibliográfica, un circuito de continuos corrimientos para alcanzar, finalmente, la descripción de esa realidad desplazada. El texto que describe la fantástica región de Uqbar no se encuentra en la *Encyclopaedia Britannica* de 1902 sino en «una reimpresión literal, pero también morosa» (1997: 13) falazmente llamada *The Anglo-American Cyclopedia,* de 1917; aunque tampoco en todas las copias de esta obra: ni en las últimas páginas del volumen XLVI ni en las primeras del volumen XLVII. Es el volumen XXVI, de otro ejemplar de la obra, que debía contar con 917 páginas, el que ofrece, desbordando los límites alfabéticos que promete el lomo y entre las páginas añadidas 918-921, una breve reseña de Uqbar. En un nuevo juego de regresiva autoreflexividad, aprendemos aquí que la literatura de Uqbar no se refiere jamás a la realidad, sino a las dos regiones imaginarias de Mlejnas y Tlön. Al encontrarse, más tarde, con un tomo de la *First Encyclopaedia of Tlön* (primera irrupción textual de la realidad fantaseada en la realidad objetiva), Borges (el

---

y europeas, el narrador comenta la posición de uno de los afiliados americanos a la empresa de Tlön, Ezra Buckley, según quien «en América es absurdo inventar un país y [...] propone la invención de un planeta» (1997: 35).

autor, el narrador, el lector)[24] se introduce en ese cristal y descubre ya no simplemente un ilusorio país sino:

> Un vasto fragmento metódico de la historia total de un planeta desconocido, con sus arquitecturas y sus barajas, con el pavor de sus mitologías y el rumor de sus lenguas, con sus emperadores y sus mares, con sus minerales y sus pájaros y sus peces, con su álgebra y su fuego, con su controversia teológica y metafísica. (1997: 20)

A través de la geometría (cervantina) de Tlön, que «desconoce las paralelas y declara que el hombre que se desplaza modifica las formas que lo circundan» (1997: 30), revela Borges, anamórficamente, la clave del recorrido propuesto por «Tlön, Uqbar, Orbis Tertius». A medida que nos desplazamos en esta lectura hacia otra posible actualización de la existencia es la realidad la que se va modificando, enfrentándonos ante la arbitrariedad y fragilidad de nuestros propios significados y de nuestra propia, infundada interpretación del universo.

El inesperado revés fantástico operado en este cuento ocurre, sin embargo, ante la posibilidad de que Tlön (una realidad urdida por una secta de excéntricos y solipsistas con delirios de divinidad) sustituya al mundo de los personajes (casualmente autores de mundos fantásticos: Borges, Bioy Casares, Xul Solar). La perspectiva de someterse a una realidad ordenada *a priori* con meticulosidad enciclopédica es infinitamente tentadora; según Borges (el narrador), el caos que constituye la realidad obedece a «leyes divinas –traduzco: a leyes inhumanas– que no acabamos nunca de percibir» (1997: 39),

---

[24] Aunque el nombre de Borges se omite en este cuento, lo reconocemos no sólo por los ubicuos personajes que lo rodean sino, sobre todo, por la estudiada referencia a sí mismo a través de otra, paralela, travesía bibliográfica. En la Postdata de 1947 a la historia de «Tlön, Uqbar, Orbis Tertius» Borges se reconoce como el autor, aludido allí como Borges, que publicó esa misma historia en la *Antología de la literatura fantástica* (1940), editada justamente con Bioy Casares.

en tanto que Tlön conforma un oasis de legibilidad: es «un laberinto urdido por hombres, un laberinto destinado a que lo descifren los hombres» (1997: 39).

Paulatinamente, Tlön invade la realidad: el idioma de Tlön se enseña en las escuelas, su historia ya reemplaza en la memoria a otro pasado ficticio. «Han sido reformadas la numismática, la farmacología y la arqueología. Entiendo que la biología y las matemáticas aguardan también su avatar» (1997: 40). El reemplazo de este mundo ilegible por un mundo legible comienza a cristalizarse. Cuando todo el mundo sea Tlön continuaremos viviendo en un laberinto pero se tratará finalmente de un laberinto descifrable, que obedecerá a «un rigor de ajedrecistas, no de ángeles» (1997: 39).

Si el cuento terminara aquí no tendría más interés que el de la simple tensión entre la legibilidad y la ilegibilidad con la cándida resolución hacia el polo de la esperanza «racional». Pero en tal caso no sería un cuento escrito por Borges. El final de «Tlön, Uqbar, Orbis Tertius» resignifica, desconstruye y transforma el relato en una nueva *distorsión* borgeana:

> Si nuestras previsiones no erran, de aquí a cien años alguien descubrirá los cien tomos de la Segunda Enciclopedia de Tlön.
> Entonces desaparecerán del planeta el inglés y el francés y el mero español. El mundo será Tlön. Yo no hago caso, yo sigo revisando en los quietos días del hotel de Adrogué una indecisa traducción quevediana (que no pienso dar a la imprenta) del *Urn Burial* de Browne. (1997: 40)

Este final, abrupto y ostensiblemente desprendido de la estructura general del cuento, nos confunde al punto de parecer un remate precoz, vacilante. Sin embargo, se articula allí la profunda distorsión que define la fantasía epistemológica en Borges, basada en la simultaneidad irónica de la totalidad y el derrumbe, de la transparencia y la degradación. Como en tantos otros cuentos, Borges deconstruye el logro fugazmente alcanzado de la legibilidad, recurriendo esta vez al *topos* particularmente barroco del *memento mori*. Una vez atisbada la intrusión de Tlön en el mundo real, vislumbrada la utopía de un mundo ordenado (incluso alfabéticamente) en todas las esferas de su realidad, el narrador, impávido, sólo se ocupa de revisar la traducción de un tratado funerario: el *Urn Burial* de Sir Thomas Browne. Ya en *Inquisiciones*, Borges había publicado esa original traducción quevediana. Valga citar un fragmento para revelar también el *pathos* que evoca esa meditación a la vez melancólica y punzante sobre la mortalidad:

> En los cielos buscamos incorrupción y son iguales a la tierra. Nada conozco rigurosamente inmortal, salvo la propia inmortalidad: aquello que no supo de comienzo, puede ignorar un fin; todo otro ser es adjetivo y el aniquilamiento lo alcanza… Pero el hombre es bestia muy noble, espléndida en cenizas y autorizada en la tumba, solemnizando natividades y decesos con igual brillo y aparejando ceremonias bizarras para la infamia de su carne. (*Urn Burial* -1658) (1997: 36)

En el capítulo «Emblemas de melancolía. Nihilismo y desconstrucción de la idea de mundo» del ya mencionado *Barroco,* Fernando de la Flor explora el motivo de la calavera no sólo como metonimia de muerte sino también como símbolo emergente del nihilismo y la melancolía que caracteriza el pensamiento del Siglo de Oro español en el contexto más general de una época de «expansión cognitiva»[25]. Respetando esa dialéctica de la construcción y la ruina, la calavera hace ostensible la noción de la contingencia y la caducidad y deshace «cualquier trabajo del sentido que el texto o el mundo hayan podido sugerir antes a sus lectores (2002: 54):

---

[25] Fernando de la Flor explora particularmente el alcance y la significación históricos de la divisa de Juan de Borja, «recuerda que eres hombre», ilustrada en sus *Empresas Morales* de 1580 por una calavera. Compartiendo una visión similar a la que intento articular en este trabajo, de la Flor concibe los textos como fantasías epistemológicas. Desde ese punto de vista define las *Empresas Morales* como «aparatos semiológicos para la conquista simbólica de la realidad» (2002: 53).

En esa drástica supresión del conjunto natural al que la calavera pertenece, debe verse el sentido de una propuesta igualmente radical: *la evidencia de que ninguna* mathesis universalis *puede ya reordenar y reunir los disjecta membra de la realidad* [...] de todas las representaciones que el concepto de la muerte ha puesto en circulación, la calavera supone la más eficaz y última. Y ello debe relacionarse con el sentimiento de una época obsesionada por el temor del acabamiento y, dicho en términos benjaminianos, por el «pensamiento de la caducidad», que lleva a ver en todo fragmento propuesto la alegoría de la ruina histórica y de la catástrofe total del proyecto de lo humano. (2002: 57-59; el énfasis es mío)

«Tlön, Uqbar, Orbis Tertius» parece constituir así una traducción postmoderna del *topos* de *Vanitas* tal como se muestra, acabadamente, en *Los Embajadores* de Holbein (1533). Los enviados franceses de Enrique VIII custodian, altivos, los instrumentos que simbolizan las esferas del conocimiento (astronomía, aritmética, geometría y música), mientras irrumpe a sus pies, desde una perspectiva anamórfica, una calavera que amenaza, como infalible símbolo de muerte, los alcances de todo saber temporal y espiritual. En *Curious Perspective*, E. Gilman subraya esa fluctuación entre perspectivas, como amenaza a la autoridad del observador a la vez que como conciencia de los alcances y limitaciones de su propia percepción: «En la medida en que Holbein celebra y niega a los dos embajadores, la misma ambigüedad se extiende hacia la pintura misma, que afirma tanto el poder de la perspectiva para crear la ilusión de realidad como el vacío, el vanitas de esa ilusión» (1978: 104; mi traducción).

En «Tlön, Uqbar, Orbis Tertius» la referencia al *Urn Burial*, como epílogo a esa fantástica enciclopédica de Tlön, funciona como la proyección anamórfica de la calavera al pie de los orgullosos *Renaissance men* de Holbein. Sin embargo, el *Vanitas* de Holbein irrumpe en la ilusión de legibilidad que subyace al optimismo de la ciencia y el mundo renacentista, profundamente anclada en la fe religiosa; mientras en Borges el *Vanitas* perturba la ilusión de una legibilidad

Hans Holbein el joven, *Los embajadores* (1533).

provisoria, profana, que no sólo ha remplazado la ilegibilidad divina sino que se exhibe como el mero artificio de una sociedad secreta cuyo más ambicioso afiliado (Ezra Buckley) pretende «demostrar al Dios no existente que los hombres mortales son capaces de concebir un mundo» (1997: 35). Esta inversión revela una discontinuidad significativa: en el barroco la superposición entre la trascendencia y la corrupción conlleva una profunda tensión dramática; en el neobarroco la tensión, llevada al límite, termina por extinguirse («Yo no hago caso»), la *mathesis universalis* y los *disjecta membra* se confunden en un juego de reflejos y transparencias irresolubles aquí ilustrados por el acto de la traducción. No es casual que, hacia el final del cuento, Borges se dedique simplemente a traducir. Si existe algún concepto que sintetice este juego de inestabilidades que evocan las «fantasías epistemológicas» de Borges es, justamente, el de la traducción. Sólo podemos aspirar a la traducción, al desplazamiento continuo. Esta idea coincide con la categoría postestructuralista de la *proliferación* (desplazamiento, traslado, tropo) propuesta en la codificación del barroco que hace Sarduy en «El barroco y el neobarroco»:

> La proliferación, recorrido previsto, órbita de similitudes abreviadas, exige, para hacer adivinable lo que oblitera, para rozar con su perífrasis el significado excluido, expulsado, y dibujar la ausencia que señala, esa traslación, ese recorrido alrededor de lo que falta y cuya falta lo constituye. (1972: 172)

De todos los ecos y contraecos aquí analizados entre los horizontes históricos del siglo XVI/XVII y el XX, esta dinámica de la *proliferación* apunta a un vínculo fundamental también sugerido en este cuento de Borges: el de las grandilocuentes construcciones mitopoéticas relacionadas a las «escrituras exóticas». No es de ningún modo inocente la declaración, deslizada en «Tlön, Uqbar, Orbis Tertius», en cuanto a que «la espléndida historia» de Tlön comenzó «A principios del siglo XVII» y que «en el vago programa inicial figuraban los "estudios herméticos", la filantropía y la cábala» (1997: 34). Los juegos lingüísticos, con su referencia a la lengua primordial de Tlön, y «los cien tomos de la Segunda Enciclopedia de Tlön», aparecen vinculados a la tradición alegórica, jeroglífica, a que pertenecen la Emblemática y las Enciclopedias Simbólicas que, en el barroco (y especialmente en el barroco hispánico) se contraponen al proyecto de la ciencia experimental[26].

---

[26] Sigo, en el análisis de estas dos epistemes enfrentadas que atraviesan el saber barroco, el desarrollo de Fernando de la Flor. En contraposición a la episteme

Borges enhebra en «Tlön, Uqbar, Orbis Tertius» los proyectos de creación de lenguas universales, relacionando así la episteme analógica del barroco con la *proliferación* postmoderna. Pues la lengua primigenia de Tlön recuerda las recombinaciones sintácticas típicas de las invenciones lingüísticas que superpoblaron, coincidentemente, la edad barroca y la era de las vanguardias[27]. En un desplazamiento que transcurre, con toda naturalidad, del idioma de Tlön al español, del español al neocriollo y del neocriollo al inglés, Borges explica esa *Ursprache* que ha sustituido «los sustantivos por verbos impersonales adverbiados o ha desplazado al verbo como célula primordial por el adjetivo monosilábico» (1997: 23):

> Por ejemplo: no hay [en la *Ursprache* de Tlön] palabra que corresponda a la palabra luna, pero hay un verbo que sería en español *lunecer* o *lunar*. *Surgió la luna sobre el río* se dice *hlör u fang axaxaxas mlö* o sea en su orden: hacia arriba (upward) detrás duradero-fluir luneció. (Xul Solar traduce con brevedad: upa tras perfluye lunó. Upward, behind the onstreaming, it mooned.) (1997: 23)[28]

---

de la ciencia moderna, que rechaza la metáfora y reivindica la inducción como método para alcanzar la *mathesis universalis*, la tradición hispánica privilegió una episteme poética, todavía conectada con el aristotelismo, basada en la analogía como método para descifrar ese jeroglífico que constituye el mundo.

[27] Con sospechosa precisión, Alfredo Rubione refiere la siguiente estadística: «de las casi cuatrocientas lenguas artificiales que se inventaron en cuatro siglos, ciento cuarenta y cinco se idearon entre 1880 y 1914, es decir, el cuarenta por ciento se creó en solamente treinta y cinco años» (1987: 38). El ideal de una lengua prebabélica como el Esperanto inspiró tambien la superproducción de lenguajes y escrituras universales surgidos en el siglo XVII. Además de los proyectos de A. Kircher y John Wilkins, Madeleine David (1965: 40) cita los de Francis Lodowyck (1657), Cave Beck (1657), Henry Edmunson (1658), y el de George Dalgarno (1661) —este último, casualmente, afiliado a la secta que concibió Tlön.

[28] Las conexiones entre el lenguaje de Tlön y el *neocriollo* son palmarias, especialmente la base monosilábica y la recurrencia de sufijos y prefijos en ambos sistemas, que a su vez es rasgo característico de todos los lenguajes utópicos (sobre la estructura de los lenguajes utópicos véase Rubione 1987). Ideado por Xul para

Entendido «Tlön, Uqbar, Orbis Tertius» como una referencia soslayada y como una encarnación de esa naturaleza paradójica (lenguaje universal/proliferación) de toda construcción mitopoética, la referencia a Xul Solar adquiere todavía mayor dimensión. Tanto el neocriollo como la panlengua, idiomas inventados por Xul Solar, se basaban en criterios de contracción, amplificación y recombinación de palabras que, aunque se presentaban rigurosamente, obedecían a reglas personales y arbitrarias más adecuadas a la polisemia desenfrenada que a la comunicación eficaz. En estos super-proyectos lingüísticos Xul Solar interpola la mecánica postergadora y proliferante de la traducción al interior mismo de la producción de significado. Este gesto lo conecta, por un lado, con la tradición analógica del barroco (en la medida en que el formato aparentemente racional oculta un proyecto que reivindica la episteme poética como forma de comunicación universal), y por otro prefigura la sensibilidad postmoderna, pues ya en el marco de ese heroísmo y de esa ambición modernista se atisba el germen de una insatisfacción y una autoinfidelidad que lo asocia con una lucidez postnuclear. Xul Solar transforma su devoción por el lenguaje en desmenuzamiento de sí mismo, desplazando el foco de atención de la expresión a la condición de posibilidad de toda comunicación.

En *Papeles de recienvenido*, Macedonio Fernández llamó a Xul Solar «estrellador de cielos, y de idiomas» (1968: 54), recurriendo al doble sentido de estrellar: el de iluminar y el de destruir, pues el *neocriollo* se trataba de un idioma tan mundial como ininteligible. Xul Solar hace del fracaso parte integral de su arte, hace de la imposibilidad una grandilocuencia[29]. Así, «Tlön, Uqbar, Orbis Tertius»

---

facilitar la comunicación entre los seres humanos, el neocriollo funde el español, el portugués, el inglés y el alemán, y se amplifica mediante la utilización de prefijos, infijos y sufijos añadidos a palabras monosilábicas (más sobre el neocriollo y la panlengua en Lindstrom 1980).

[29] En 1951, en una entrevista en la Galería Guión, Xul Solar se presenta de la siguiente manera: «Soy el creador de un idioma universal, la 'panlingua', sobre

no es, como pretende López Anaya, «un homenaje paródico a las invenciones lingüísticas de Xul» (2002: 24); por el contrario, es una celebración de la original y pionera invención de Xul donde coexisten el mito y la ironía, revelando un impulso destinado a suscribir con idéntica y apasionada indiferencia la legibilidad y la ilegibilidad del universo.

El sexto sentido de la distorsión

Varios gestos estilísticos que se asocian con el barroco histórico, como el retruécano (Quevedo, Gracián), el hipérbaton exacerbado (Góngora), el perspectivismo (Velázquez), la autorreflexividad potenciada (Cervantes), o el *contrapposto* (Bernini), han sido considerados como instancias fundamentales en el contexto de la realidad dramática, gesticulante y arbitraria del siglo XVII. En los capítulos que siguen me ocuparé de tres manifestaciones de la distorsión en sus respectivos avatares históricos: la metáfora, el hipérbaton y la anáfora. Aunque artificial y esquemática, esta categorización me ha permitido desarrollar tres instancias de la distorsión cargadas de obvias implicaciones epistemológicas: (1) la resiliencia de la realidad, (2) caos y pluralidad de órdenes, y (3) la búsqueda perpetuamente desplazada

---

bases numéricas y astrológicas, que contribuiría a que los pueblos se conociesen mejor. Soy creador de doce técnicas pictóricas, algunas de índole surrealista y otras que llevan al lienzo el mundo sensorio, emocional, que produce en el escucha una suite chopiniana, un preludio wagneriano o una estrofa cantada por Beniamino Gigli» (en Anaya 2002: 213). Es difícil no percibir en estas declaraciones ecos de los delirios megalomaníacos de los locos que encuentra Pablos en *El Buscón*: los arbitrios absurdos que propone el «loco repúblico» para ganar la Tierra Santa y Argel y el modo de ganar Ostende con sólo chupar todo el agua del Tajo con esponjas, o el «loco poeta» dedicado a escribir a las once mil vírgenes «adonde a cada una he compuesto cincuenta octavas» (1970: 59), o una comedia que resultaba tener «más jornadas que el camino de Jerusalén» (1970: 59) y que sin embargo sólo le llevó dos días escribirla.

entre la presencia y la ausencia. A su vez, estas tres instancias pueden ser entendidas, en el marco de una estética de la *proliferación,* como otras formas de traducción. La metáfora como desciframiento del jeroglífico del mundo; el hipérbaton como traducción al nivel de la sintaxis, de ritmos y cosmovisiones, de órdenes y desordenes; y la anáfora, en el contexto de las liturgias ascéticas y sadomasoquistas, como repetición teatral y retórica, como representación destinada a la perpetuación del desplazamiento.

Como se ha podido entrever, el concepto de la *distorsión* apunta claramente a un problema epistemológico que incluye a todos los demás: apariencia y realidad, perspectivismo, escepticismo, los límites de la identidad, la confiabilidad de los sentidos, y la eficacia del lenguaje. En fin, el título de este libro, *Los sentidos de la distorsión*, no constituye, sin embargo, una referencia de espíritu neoclásico a los *sinsentidos* del barroco. Esta vaguedad, que aspira al retruécano, aprovecha la multiplicidad semántica del término «sentido» como:

a) capacidad perceptiva, b) significado, c) orientación.

Me remito a esas tres acepciones con el objetivo de abordar, en los capítulos que siguen, una serie de preguntas que enmarcan teóricamente esta exploración de la dialéctica entre el barroco y el neobarroco, a saber: ¿qué implica la sensibilidad que se abre hacia (y desde) la experiencia de lo distorsionado? ¿cuáles son los significados que subyacen a la distorsión como elección formal? y ¿hacia dónde conduce la distorsión?

En último término, «los sentidos de la distorsión» puede referir también a quienes, históricamente, han resistido (resentido) el impulso distorsionador; pero sobre todas las cosas, se intenta contrabandear aquí una licencia poética, una prosopopeya epistemológica. Tal como el concepto de la «perspectiva curiosa» puede sugerir la «curiosidad» con que nos acechan las monstruosidades anamórficas, «los *sentidos* de la distorsión» pueden sugerir también la atribución de una perceptividad a lo inestable. Así, la poesía que pretendo deslizar consiste en concebir la *distorsión* misma como dotada de sentidos capaces de percibir frontalmente una imposibilidad cuyos límites sólo nos son dados atisbar desde los márgenes.

1. Metáfora

La orquesta trágica

> La música páguela quien la oyere
>
> (Respuesta de F. de Quevedo a quien le propone dejar dinero para los músicos que acompañarían su entierro)

En la introducción enmarqué las tres instancias de la *distorsión* exploradas de aquí en adelante (la metáfora, el hipérbaton, la anáfora) dentro de la noción general de la traducción, puesto que ellas simbolizan, como se vio para el caso de la anamorfosis, la simultaneidad de la identidad y la alteridad, la coincidencia de lecturas contradictorias. Entre ellas, la metáfora (*meta-phorein*: trasportar más allá), puede ser vista como el mecanismo translaticio por excelencia en la medida en que la radical ambigüedad de su arquitectura retórica («esto es aquello») puede interpretarse simultáneamente como instrumento para descifrar el jeroglífico del mundo y como subterfugio para transferir perpetuamente toda significación.

Continuando la línea de investigación seguida en la introducción, voy a sondear aquí el juego de reflejos mutuos que se multiplica entre las estéticas de distorsión del siglo XVII y las del XX. Así, intentaré amplificar las resonancias que reverberan entre el «concepto» como recurso privilegiado de la retórica barroca y la «metáfora de riesgo» como figura definitoria de las vanguardias históricas. Me concentraré, en particular, en el tipo de metáfora deformadora que «organiza» la poética anamórfica de Francisco de Quevedo, particularmente en sus poemas amorosos/metafísicos *Canta Sola a Lisi y la amorosa pasión de su amante* y, por otro lado, en ese monumento histórico de la ruptura expresiva en español que constituye *Altazor* de Vicente Huidobro, un poema donde el cataclismo metafórico de la vanguardia coincide con una problemática igualmente metafísica[1].

El origen del potencial subversivo de la *distorsión* (tal como se vio con los ejemplos del perspectivismo en el *Quijote* o la volatilidad ontológica en *Tlön, Uqbar, Orbis Tertius*), reside no tanto en la facultad para sugerir, por medio de la deformación o la inestabilidad, un desorden fundamental, sino en la capacidad irónica de representar simultáneamente los dos polos del caos y el orden. Intentaré argumentar aquí a favor de una intuición: que la metáfora exacerbada del barroco y la metáfora exasperada de la vanguardia comparten esa insurrecta sensibilidad epistemológica en la que coinciden una visión del mundo como cargado de significación conjuntamente con la admisión de su inherente *contingencialidad*. Como se verá más adelante, esa dialéctica de la indecibilidad entre un sentido total y una fundamental arbitrariedad que define la ironía barroca se plasma, tanto en Quevedo como en Huidobro, en el juego irresoluble entre el amor y la muerte o entre la comunicación absoluta y la soledad total.

El Concepto: florecilla de los siglos

No es un hecho circunstancial que la ancestral visión del mundo como un complejo de correspondencias (enhebradas por la metáfora clásica[2]), haya evocado figuraciones musicales; pues la visión analógica del mundo implica la idea de una armonía universal para la cual el

---

[1] Para este capítulo, las nociones «concepto» y »metáfora» serán intercambiables, en la medida en que me refiero, en particular, a la metáfora vanguardista como tropo que comparte con el *concepto ingenioso* del barroco histórico la exploración de afinidades furtivas entre elementos dispares.

[2] Tal como ha sido definida en la *Poética* de Aristóteles, la metáfora consiste en «trasladar a una cosa un nombre que designa otra, en una traslación de género

fenómeno aparentemente universal de la serie armónica se ofrece como la representación más natural. Esta atávica tradición que ve al mundo como un complejo de resonancias siempre ha encontrado un vehículo para su expresión y, de hecho, ha resurgido más recientemente, en la sensibilidad mística de los sesenta y tempranos setenta con su inclinación por la astrología, la fascinación por el pensamiento oriental, el ocultismo y la magia. En el contexto americano, esa sensibilidad ha abarcado tanto la cultura como la contracultura: desde Aldous Huxley y John Lennon, a Timothy Leary, Carlos Castañeda, Octavio Paz, Maya Deren, Joseph Campbell o Leonard Bernstein.

Casualmente, en *The Unanswered Question*[3], Leonard Bernstein cita al retórico de Calahorra, Quintiliano, para respaldar su teoría analógica/musical: «la metáfora alcanza la suprema y difícil tarea de proveer un nombre para todo». Pues según Bernstein, debido al intrínseco carácter metafórico de la música (los niveles cada vez más complejos de transformaciones del material primario en que se cifra el significado musical), ella puede expresar, en un grado superior a las otras artes, todas las correspondencias posibles (1976: 139-140).

Apelo a esta conexión entre la creencia en una armonía universal y la función omniexpresiva de la metáfora porque es contra el fondo de esta problemática que se desarrolla la noción de la *agudeza* y el *concepto ingenioso* en la retórica barroca. Siguiendo la ancestral visión del mundo como un libro en clave (tal como se manifestaba en la filosofía místico-naturalista del Renacimiento), Gracián designa al ingenio como la facultad capaz de descifrar ese libro, o al menos de vislumbrar sus temas centrales. En el Primor III de *El Héroe*, Gracián

---

a especie, o de especie a género, o de especie a especie, o según una analogía» (1946: 6-9).

[3] Serie de charlas pronunciadas en 1973 en la universidad de Harvard en el marco de las Charles Eliot Norton Lectures (casualmente un año después de las charlas pronunciadas por Octavio Paz) y luego publicadas con el mismo título por Harvard University Press (1976).

escribe: «La valentía, la prontitud, la sutileza de ingenio. Sol es de este mundo en cifra, si no rayo, vislumbre de divinidad» (1998: 11).[4]

Como en el *principio de la analogía universal* de la ciencia renacentista, la epistemología que subyace a la teoría del *concepto* remite a una visión de la naturaleza y del universo como una red de signos cuyas infinitas y secretas correspondencias manifiestan una unidad superior. La función del poeta es la de explorar esas correspondencias, puesto que el mundo ya no es sólo el objeto de representación sino la materia misma de investigación (Mazzeo 1953: 55); y el *concepto*, el instrumento de la «visión» por la que se alcanza la última afinidad, ya se entienda esta como la verdad filosófica o la revelación divina[5].

Pero el alcance expresivo y filosófico del *concepto* es todavía mucho más complejo y profundo. La amplitud semántica del vocablo «concepto» en el horizonte cultural del barroco dificulta la posibilidad de determinar, desde nuestra perspectiva, las fronteras precisas que

---

[4] «La teoría del *concepto* parece ser, en parte, la aplicación de los principios de la analogía y correspondencias universales a los problemas de la crítica literaria y la poética. La noción de afinidades cósmicas tiene, por supuesto, una larga historia pero creo que se puede afirmar, con tranquilidad, que dominó la vida intelectual del Renacimiento más que cualquier otro período» (Mazzeo 1964: 33). El tratado *Armonías del Mundo* de J. Kepler es un buen ejemplo de este clima intelectual de las analogías, particularmente entre la realidad astronómica y la musical (un clima intelectual que, dicho sea de paso, se extiende desde Pitágoras a Stephen Hawking). En dicho tratado, Kepler, pitagórico a ultranza, logra relacionar las velocidades orbitales mínimas y máximas de los planetas con los intervalos concordantes de la escala musical. Y aún más, indaga las relaciones entre las melodías y los tonos en que cantan cada uno de los planetas, conjeturando una «sinfonía sempiterna» (inteligible, no audible). En pocas palabras: la música de Dios.

[5] Arthur Terry en su artículo «A note on Metaphor and Conceit in the Siglo de Oro» acierta en apuntar la ambigüedad epistemológica recurrente en las teorías del concepto: «la mayor dificultad de la teoría del siglo diecisiete radica precisamente en este intento de concebir el *ingenio* [en español en el original] en términos de un superintelecto; fracasando, sin embargo, en distinguir claramente entre las funciones filosóficas y las funciones poéticas de la metáfora» (1954: 96; mi traducción).

adquiere su significado en el *Arte de Ingenio* o en la obra de Gracián en general[6]. Complica todavía más esta limitación histórica la esquivez del propio Gracián para ofrecer una definición concreta del término. Ya en el Discurso II, advierte Gracián sobre la imposibilidad de una definición: «Es esta Entidad una de aquellas que son más conocidas a bulto, y menos a precisión; déxase percibir, no definir; y en tan remoto assunto estímase qualquiera descripción» (1998: 138). Este impedimento para definir se funda, justamente, en la naturaleza singularizante y relativizante del *concepto* como expresión de una teoría cognoscitiva refractaria a todo enunciado abstracto, racional del universo. Como bien señala Emilio Hidalgo-Serna en *El pensamiento ingenioso en Baltasar Gracián*:

> [Gracián] no define, pues su visión del mundo no es ni absoluta ni cerrada. En los objetos ve partes integrantes de la naturaleza entera, y no algo que puede subsistir aislado y abstraído lógicamente de su propia conexión existencial. (1993: 144)

La lógica ingeniosa descubre, por medio de tangencialidades, las relaciones concretas existentes entre las entidades del mundo, en contraste con la lógica silogística, la cual, justamente por operar en una dimensión abstracta de universales no alcanzará jamás a revelar el nexo entre sustancia y circunstancia[7].

---

[6] Las referencias subsiguientes al *Arte de Ingenio, Tratado de la Agudeza* (publicado en 1642) remiten a la edición de Emilio Blanco y no a la versión expandida en la *Agudeza y Arte de Ingenio* de 1648. Por conveniencia expositiva, «concepto» y «metáfora» serán aquí nociones equiparables, a pesar de las sutiles diferencias y matices semánticos que los distinguen.

[7] El ingenio, la facultad artística por excelencia, era concebido por los teóricos del Concepto (Baltasar Gracián, Emmanuel Tesauro, Sforza-Pallavicino, Matteo Pellegrini) como una forma no-discursiva de entendimiento en contraste con la mera razón discursiva que sólo buscaba la verdad lógica. Según la nomenclatura de Tesauro, se opone así la *cavillazione retorica* a la *cavillazione dialettica*.

Si bien en el *Arte de Ingenio* Gracián pretende encontrar en el *concepto* una fórmula que reduzca a una suerte de algoritmo retórico la variedad estilística de las expresiones del Ingenio, por otro lado esa misma fórmula implica una resistencia a la abstracción. Esa naturaleza paradójica a la que apunta el proyecto mismo del *Arte de Ingenio* puede ser entendida como alegoría de la inconfesada epistemología de la indecibilidad y la postergación que lo inspira, pues proponiendo alcanzar una definición del *concepto*, todo el Tratado es una acumulación fractal de ejemplos que tienden, no obstante, a excitar la conciencia de su inasibilidad. En el Discurso XXXI, Gracián hace mención de esta naturaleza paradójica de su propio proyecto: «Habló del Ingenio con Ingenio el que le llamó finitamente infinito. Sería querer medir la perenidad de una fuente pensar comprehender su fecunda variedad» (1998: 361)[8].

Y sin embargo, la ya clásica definición del *concepto* ofrecida por Gracián se encuentra en el mismo Discurso II del *Arte de Ingenio* en el que propone su imposibilidad: «Consiste, pues, este artificio conceptuoso en una primorosa concordancia, en una armónica correlación entre los cognoscibles extremos, expressa por un acto del entendimiento» (1998: 140)[9]. Esa «primorosa concordancia» conecta

---

Como escribe Hidalgo Serna: «La clave y la fuerza de la imagen y de la metáfora se encuentran en su capacidad de dar razón de la "relatividad" de lo real. En Aristóteles, por el contrario, observamos que la razón, el concepto racional y el lenguaje axiomático únicamente aseguraban la abstracción y la predicación de lo universal» (1993: 143).

[8] Haciendo referencia a esta misma problemática, Jeremy Robbins comenta: «Gracián estaba intentando lo imposible al tratar de ofrecer una taxonomía del ingenio, puesto que los ejemplos continuamente eluden las categorías establecidas. Esto conduce a una tensión típicamente barroca entre la teoría y la práctica» (2003: 50; mi traducción). Una tensión; o mejor dicho, una incoherencia que, quizá por contaminación patemática, recreo aquí en este mismo libro.

[9] En la edición de 1648, disc. II, puede leerse también: «un acto del entendimiento que exprime la correspondencia que se halla entre los objetos» (1998: 7).

fenómenos diferentes que se encuentran lógicamente distantes. Así, el *concepto* implica la elaboración, el descubrimiento de correspondencias secretas en desafío al universo aristotélico concebido en términos racionales de afinidades meramente silogísticas. El *concepto* graciano conecta aspectos de la realidad a saltos ornamentales de intuición e invención y no, como el concepto lógico-formal, por reglas apriorísticas de la razón.

A la definición universal aristotélica «todos los hombres son mortales», la lógica metafórica procura la imagen fulminante e inspirada que recupere las conexiones secretas pero concretas, relativas pero inevitables entre las cosas, tal como puede manifestarse en el soneto metafísico «Represéntase la brevedad de lo que se vive y cuán nada parece lo que se vivió», donde Quevedo se reconoce como «presentes sucesiones de difunto» y junta «pañales y mortaja»:

> Ayer se fue, mañana no ha llegado;
> hoy se está yendo sin parar un punto:
> soy un fue, y un será, y un es cansado.
>
> En el hoy y mañana y ayer, junto
> pañales y mortaja, y he quedado
> presentes sucesiones de difunto. (1981: 4)

Para alcanzar esa verdad del ser (esa dimensión de mortaja de la que participa el pañal), es necesario enfocarse en las particularidades de las cosas, en sus relaciones dinámicas con todos los elementos del mundo. Ramón Gómez de la Serna, uno de los padrinos de las vanguardias hispanoamericanas, y profundamente vinculado a la poética de Quevedo, también entendía la metáfora de esta manera, como expresión de la relatividad del ser. Según Gómez de la Serna, el hombre debe «poner una cosa bajo la luz de otra, [verlo] todo reunido, yuxtapuesto, asociado». Inspirado así el creador de las greguerías en una sensibilidad similar a la que opone la lógica formal a la lógica ingeniosa, e inscribiéndose en la tradición barroca que veía en la metáfora la flor de la retórica, escribió: «Las ideas serán verdaderas una temporada, las glosas serán aburridas, las tesis se quedarán tontas: pero *las acertadas metáforas serán florecillas de los siglos*» (1947: 13; énfasis mío)[10].

A pesar de la naturaleza imaginativa, retórica del *concepto*, este es para Gracián un método de conocimiento, una forma de acceso no sólo a la realidad sino también a las dimensiones divinas. Ese recorrido vertical que implica la agudeza queda ya expuesto al inicio del Discurso II: «Si el percibir la Agudeza acredita de Águila, el produzirla empeñará en Ángel: empleo de Cherubines y elevación de hombres, que remonta el ser a extravagante Hierarquía» (1993: 138). Y sin embargo, el *concepto* produce un exceso retórico (autoreflexivo) que lo emparenta, como se deduce de la íntima imbricación del conceptismo y el culteranismo, con la proliferación postmoderna.

En su artículo «Mecanismo de la ocultación, análisis de un ejemplo de agudeza», Mercedes Blanco ofrece una definición del *concepto* que si bien desalentaría al propio Gracián, debido a la precisión de sus términos, resulta valiosa para profundizar la idea de indecibilidad que aquí comienzo a esbozar. Blanco define el *concepto* desde un enfoque semiótico que parece acercar la retórica de Gracián al deslizamiento semántico que caracteriza a la imaginación postestructuralista. Como resultado de las dos tendencias centrales del *concepto*, a «maximizar la determinación» (es decir, proveer a cada signo de múltiples funciones y efectos de sentido, o viceversa, alcanzar un mismo efecto de sentido por vías distintas) y a «minimizar la extensión» (es decir, la fragmentación o elisión de frases y referencias creando así brechas y

---

[10] En *Il channoccialle aristotelico* (1654), Tesauro expresa la idea de la naturaleza como libro escrito en forma de metáforas ingeniosas con una referencia directa a esa tradición «horticultural»: «Así como la agudeza de los poetas han sido llamadas flores, así las flores son la agudeza de la naturaleza» (en Mazzeo 1953: 54).

lagunas discursivas), se alcanza una ambigüedad y un desplazamiento semántico que acerca el discurso conceptista al *texto escribible*[11]:

> En los conceptistas encontramos a la vez la necesidad de tener en cuenta lo que en el lenguaje escapa a toda racionalización y la voluntad de dominarlo, reduciéndolo a unas cuantas técnicas, a unos procedimientos mecánicos. Por ello oscilan sin cesar entre la gravedad de un sentido «místico» y la ligereza del chiste. (1988: 32-34)

A pesar de la evidente ausencia de referencias a Quevedo en *El Arte de Ingenio*, es en Quevedo donde el malabar conceptista cultiva su pirueta más audaz[12]. Y la definición de Quevedo como «asceta riguroso y burlón irreverente» (Carreter 1956: 160) lo conecta con ese aspecto del *concepto* que aquí intento subrayar. Pues el estilo de Quevedo implica una lectura que se desdobla entre un excesivo descifrar un significado (aunque perpetuamente desplazado) y un perplejo vislumbrar la atomización caleidoscópica, prismática de significantes. Lo que me interesa rescatar aquí de la lírica quevedesca es ese viaje simultáneo, esa caída paradójicamente ascendente y descendente entre el sentido y el sinsentido, que constituye una de las dimensiones expresivas más originales de Quevedo.

Borges reconoció tempranamente esta característica de la metáfora en Quevedo. Ya en sus apuntes críticos con el título «La metáfora», publicados en *Cosmópolis* en 1921, Borges plantea que no todas las metáforas pueden reducirse a un algoritmo lógico que las explique, y

---

[11] Cómo comenta Dámaso Alonso: «[en Quevedo] todo se prensa, se estruja. Y del estrujón quevedesco, las funciones arquitectónicas resultan transformadas» (1993: 565).

[12] El origen de esa ausencia puede ser rastreado al gusto de Quevedo por la paronomasia, el equívoco o el apodo, recursos que lo distanciaban de la retórica de Gracián. Un estudio detallado sobre la ausencia de Quevedo en *El Arte de Ingenio* puede leerse en Chevalier 1976. Sobre la paronomasia véase el tratado XXV en el *Arte de Ingenio*.

que son justamente aquellas metáforas que desafían toda intelectualización las que manifiestan su verdadero potencial: «En ellas se nos escurre el nudo enlazador de ambos términos, y, sin embargo, ejercen mayor fuerza efectiva que las imágenes verificables sensorialmente o ilustradoras de una receta» (en Verani 1990: 280). Para ejemplificar este tipo de metáfora, Borges recurre a los mismos versos de Francisco de Quevedo en su *Memoria inmortal de Don Pedro Girón, duque de Osuna muerto en Prisión*, a los que volvería una y otra vez:

> su tumba son de Flandres las campañas,
> y su epitafio la sangrienta luna. (1974: 269)

Lo que Borges rescata de este tipo de metáfora donde «la realidad objetiva se contorsiona hasta plasmarse en una nueva realidad» (Verani 1990: 281) es la doble capacidad de insinuar la referencia —por ejemplo, la bandera turca— a la vez que capturar ese momento previo al desciframiento de la ecuación sintáctica donde estamos sometidos a la pura «satisfacción orgánica» que las imágenes deparan por ellas mismas[13].

---

[13] Valga anotar aquí que, en este caso, Borges privilegia el «heterogéneo contacto de [las] palabras» (1974: 239) sobre la dimensión referencial. En 1933, en *Historia de la eternidad*, Borges vuelve a referirse en «Las *Kenningar*» a este tipo anfibio de metáfora. Allí recopila Borges «esas desfallecidas flores retóricas» que son las *kenningar*, enigmáticas metáforas de la poesía islandesa que se remontan al año 100. Entre los ejemplos compilados, valgan mencionar: «remo de la sangre» por espada, «fiesta de águilas» por la batalla o «cerdo del oleaje» por la ballena. El asombro que Borges reivindica en estos juegos verbales, en contraste con el mero símil, se cifra en que las *kenningar* no son «la correcta y momentánea verdad de dos intuiciones. Las *kenningar* se quedan en sofismas, en ejercicios embusteros y lánguidos. [...] nos dictan ese asombro, nos extrañan del mundo. Pueden motivar esa lúcida perplejidad que es el único honor de la metafísica, su remuneración y su fuente» (1974: 379). Un análisis exhaustivo de las implicancias filosóficas de este desdoblamiento metafórico es desarrollado por Paul Ricoeur en *La metáfora viva* (1980), particularmente en el Estudio VII, «Metáfora y Referencia» y en el

1. Metáfora. La orquesta trágica

La organización y reorganización de la estructura del texto en Quevedo (particularmente en sus poemas amorosos y satíricos) remite a la anamorfosis por ese «proceso de desestructuración y reestructuración sucesivas –pero también, de hecho, simultáneas» (Nicolás 1986: 23). Este anamorfismo en Quevedo se revela claramente en su poesía amorosa, en particular los sonetos a Lisi, donde los tópicos heredados del amor cortés de los trovadores provenzales y del subsiguiente petrarquismo (los ojos como astros, los dientes como perlas, los labios como rubíes o el cabello como oro) son extremados metafóricamente al punto que se desrealizan; ya lexicalizados, son utilizados como punto de largada de una carrera metafórica que sugiere su propia perpetuación. Ya había señalado Blecua el juego original que sobre las metáforas tópicas de los dientes y los labios practica Quevedo en «Retrato de Lisi que traía en una sortija»:

> Traigo todas las Indias en mi mano:
> perlas, que en un diamante, por rubíes,
> pronuncian con desdén sonoro yelo (1981: 506)

pero también pueden mencionarse la referencia a la estrella Sirio para definir los ojos:

> Lisis, por duplicado ardiente Sirio (1981: 519)

o la referencia al rey Midas cubierto por una cascada de aliteraciones para definir el cabello:

> Rizas en ondas ricas del rey Midas (1981: 531)

Estudio VIII, «Metáfora y Discurso Filosófico». En el primero desarrolla la idea del desdoblamiento de la referencia en una suspensión entre interpretación literal y metafórica, y en el segundo investiga las implicancias de dicha tensión a nivel retórico sobre la definición de la realidad.

Esta dificultad conceptista nos suspende en una posición que nos identifica con el hablante de los sonetos a Lisi: simultáneamente atraído hasta la pulverización y rechazado por un enteléquico objeto del deseo que es forzado a la esquivez por inveterada tradición poética. En un nivel superior de interpretación, esa suspensión entre el sentido y el sinsentido alcanza a los dos temas centrales de Quevedo, el amor y la muerte, que en estos poemas se proyectan en irresolubles reflejos mutuos. Como expresa el hablante de estos sonetos, la fijeza coincide con el desplazamiento:

> La mente, en noble libertad criada;
> hoy en esclavitud yace, *amarrada*
> *al semblante severo de un desvío* (1981: 491; el énfasis es mío)

o,

> Yo ansí, náufrago amante y peregrino
> Que en borrasca de amor por Lisis muero,
> Sigo insano furor de alto destino (1981: 499)

En su quirúrgico análisis del glorioso soneto de Quevedo a Lisi, Lázaro Carreter parece desestimar la significación de esa última indecibilidad entre los polos del amor y de la muerte, del sentido y el sinsentido. Antes de abordar esa interpretación, sin embargo, transcribo este soneto íntegramente no sólo por ser, como dijo Dámaso Alonso «el mejor de la literatura española», sino también por ser paradigmático de la epistemología de la superposición y la postergación que define la sensibilidad barroca:

> Cerrar podrá mis ojos la postrera
> sombra que me llevare el blanco día,
> y podrá desatar esta alma mía
> hora a su afán ansioso lisonjera

mas no, desotra parte, en la ribera,
dejará la memoria, en donde ardía:
nadar sabe la llama el agua fría,
y perder respeto a ley severa.

Alma a quien todo un dios prisión ha sido,
venas que humor a tanto fuego han dado,
medulas que han gloriosamente ardido,

su cuerpo dejará, no su cuidado;
serán ceniza, más tendrá sentido;
polvo serán, mas polvo enamorado. (1981: 511-2)

El título del artículo de Lázaro Carreter, «Quevedo entre el amor y la muerte», puede sugerir una tensión anamórfica entre esos dos márgenes; sin embargo, su interpretación del soneto, opuesta a la de Dámaso Alonso, no puede trascender la polaridad:

> Nuestra interpretación difiere de la del gran maestro [Alonso]; porque para nosotros, el sentido básico del soneto no es «la exaltada plenitud de la vida en el amor», sino la obstinación, la negativa patética y violenta de aquella alma a morir del todo. (1974: 151)

Sin embargo, en el contexto general de los poemas de Quevedo, aquí el sentido parece insistir sobre la inestabilidad de ambos polos. Si bien el amor es presentado como subterfugio a la última verdad, no se puede omitir la carga angustiosa que implica el estatuto excesivamente hiperbólico de dicha afirmación. Por otro lado, el *topos* provenzal y petrarquista del amor no correspondido adquiere en el amor quevediano un sesgo autocrítico, pues constituyendo el amor el polo del sentido total (*serán ceniza mas tendrán sentido*), se sostiene sin embargo sobre la base de una dialéctica de no correspondencias (el desdén de Lisi).

Según escribió Octavio Paz en *Reflejos: réplicas (diálogos con Francisco de Quevedo)*, la poesía erótica y la poesía de la muerte son indistinguibles en Quevedo; ambas son «cenotafios grabados verso a verso por el deseo» (1996: 12). Los sonetos que el poeta canta a Lisi constituyen no sólo la culminación de la poesía erótico-amorosa de Quevedo sino también la culminación de su poesía metafísica. Así como en sus poemas metafísicos la muerte desestabiliza a la vida («presentes sucesiones de difunto»), aquí el amor funciona como desestabilizador de la muerte («polvo serán, mas polvo enamorado»). Esta lógica paradójica le impone a la lírica quevedesca una dinámica que desafía no sólo toda posible fijación de sentidos sino también toda posible fijación de sinsentidos. El sentido y el sinsentido, el amor y la muerte se acechan mutuamente. El desplazamiento metafórico es reflejo de un viaje paradójico y perpetuo hacia y desde el sentido. Véase en «Amante desesperado del premio y obstinado en amar»:

> Del vientre a la prisión vine en naciendo;
> De la prisión iré al sepulcro amando
> Y siempre en el sepulcro estaré ardiendo (1981: 513)

Es esta lógica que trasciende a la vida y a la muerte como límites de significación lo que posiblemente llevó a Gómez de la Serna a definir la literatura de Quevedo como «recados de ultracuna y ultratumba» (1947: 133). Y si acaso existe un gesto que pueda plasmar la sensibilidad implicada en esta poética también lo ha visto Gómez de la Serna en la carcajada, pero la carcajada de la calavera:

> Si no reconstruimos bien el reír de Quevedo no habremos logrado resucitarle lo bastante.
> Su carcajada está en su obra pero se ha acrecentado con la muerte, puesto que bien se sabe que la calavera es la que mejor ríe, pues ha roto las comisuras de la boca para reír mejor. (1947: 22)

Epistemología de la metáfora

Puesto que me propongo en esta investigación explorar los horizontes epistemológicos que subyacen a la expresión artística (en este caso en particular, a la metáfora barroca), se impone una pregunta: ¿cómo dar cuenta del hecho que el *concepto*, la metáfora visionaria y encandilante, sea por un lado expresión de una cosmovisión renacentista según la cual el mundo se construye de correspondencias, conexiones secretas (el mundo como un libro divino, el mundo como texto *legible*), y por el otro, manifestación de una visión presuntamente barroca del mundo como abierto, relativo, arbitrario (el mundo como un libro cuyo texto se encuentra en perpetuo desplazamiento, el mundo como texto escribible)?

Leo Spitzer, en su ensayo *La enumeración caótica en la poesía moderna*, formula una hipótesis que puede ofrecer un modelo para resolver este aparente conflicto. Allí Spitzer da cuenta del hecho de que la enumeración, como recurso estilístico específico, puede, sin embargo, expresar cosmovisiones divergentes, como la anafórica alabanza bíblica, el panteísmo sensualista de Whitman, la acumulación arbitraria de Rimbaud o el «caotismo» nerudiano: «todo rasgo de estilo es en sí mismo neutro; adquiere su particular eficacia sólo por su enlace con tal o cual actitud particular» (1945: 14). Una misma marca estilística (el perspectivismo, la anamorfosis, el concepto o el hipérbaton) podría corresponder a visiones no sólo diferentes sino además diametralmente opuestas. Si bien este hecho es revelador de la naturaleza indeterminada del estilo, expone además el proceso por el cual una elección estilística específica puede plasmar una variedad ilimitada de cosmovisiones. Esta plasticidad inherente a los dispositivos retóricos se relaciona con el papel fundamental que juega la «contaminación» en el marco más vasto del horizonte semántico, epistemológico y patemático de una obra[14].

---

[14] En una lectura sobre la indeterminación en el poema «The Snow Man» de Wallace Stevens, Ross Leckie resalta la categoría de la *indecibilidad retórica*.

En *El arte de Ingenio*, Gracián también se remite a ambos polos del *concepto*. En el mismo Discurso aquí tratado, Gracián ofrece dos definiciones encontradas según las cuales la metáfora puede ser vista como ornamento («El Concepto consiste también en artificio y el superlativo de todos. [...] Poco fuera en la Architectura assegurar firmeza si no atendiera al ornato») o como recurso en armonía fundamental con el entendimiento («lo que es para los ojos la hermosura y para los oídos la consonancia, esso es para el Entendimiento el Concepto) (1998: 138-140). De manera que la metáfora puede ser no sólo entendida como manifestación de distintas cosmovisiones desde un enfoque diacrónico, sino también, sincrónicamente, como la marca de la *distorsión* y la figura privilegiada de la ironía barroca a la vez. El barroco explota la anfibología constitutiva de la metáfora como forma de expresar la tensión entre el mundo como cifrado y el mundo como mero espectáculo de cifras. Pues la gravitación barroca en torno a la metáfora revela no tanto la atracción hacia la «analogía universal» o hacia la perpetua proliferación ornamental, sino, y más interesante aun, una fascinación por esa dialéctica de la indecibilidad entre un significado total y una fundamental arbitrariedad[15].

Sin contradecir la neutralidad propia del estilo señalada por Spitzer, este rasgo privilegia esa característica epistemológica de la metáfora que aquí pretendo subrayar: «La epistemología de la metáfora, o de hecho, de cualquier figura retórica es, pienso, indeterminada. Una filosofía de la metáfora no puede determinar si las complejidades de la sintáxis y la retórica pueden ser finalmente interpretadas en lecturas comúnmente aceptadas como propone Riffaterre, o diseminadas en lecturas múltiples y arbitrarias como indica [Paul] de Man; puesto que es instrínseco a la naturaleza de la metáfora y a la sintáxis poética el contener ambas posibilidades de manera simultánea» (1996: en línea; mi traducción).

[15] Según Bernstein, el milagro único de la música reside en su capacidad de presentar la metáfora no como transposición de un polo al otro sino como una suerte de palimpsesto temporal en el cual los dos polos se presentan simultáneamente: «ese es el milagro propio de la música: que nos permite percibir Esto y

1. Metáfora. La orquesta trágica

Quienes han pretendido reducir la estética graciana a una filosofía o su filosofía a una estética han pasado por alto este rasgo de sustancial proyección histórica: la coincidencia de artificio y verdad. Así, la propia historia de las recepciones irreconciliables del concepto graciano, que lo hacen pendular entre el ornamento gratuito (Menéndez y Pelayo, Croce, Borges) y el sutil instrumento de la verdad (Grassi, Hidalgo-Serna, Borges), revelan la profunda imbricación de ambos polos y la importancia de una aproximación al *concepto* como manifestación simultánea de un exceso monstruoso y una búsqueda de la verdad esencial[16].

Aquello simultáneamente. No podría haber una presentación de la metáfora más rica o poderosa» (1976: 169; mi traducción). Por supuesto, allí reside la fuerza de la metáfora, pero esa fuerza no es exclusivamente musical. Es curioso, aunque predecible, que Bernstein equipare esa simultaneidad con la *nitidez* y no con la *distorsión*. Quizá la *simultaneidad* también pueda ser concebida como recurso expresivo (quizás el último recurso) y por lo tanto, también le es dado, como decía Spitzer, sostener dos visiones diametralmente opuestas: la armonía polifónica y la polifonía de la disonancia.

[16] La interpretación corriente del concepto graciano, iniciada por Menéndez y Pelayo, Benedetto Croce o Karl Borinski entre otros, suele resumir el concepto a su dimensión estilística y en su mayor parte meramente ornamental. Hugo Friedrich explica el concepto barroco de la siguiente manera: «es una ocurrencia la más disparatada posible, un chocante juego de imágenes y pensamientos [...], una audaz y graciosa combinación sin reparar en la verdad, una forzada identidad de lo diverso, un contrasentido [...] un suplir la cosa y lo objetivo con metáforas antinómicas que giran sobre sí mismas o están tomadas de la naturaleza, una fría chispa originada por el choque entre términos que nada significan, una alusión penetrante y sin embargo sibilina» (en Hidalgo-Serna 1993: 73). Por otra parte, en *El pensamiento ingenioso en Baltasar Gracián*, Emilio Hidalgo-Serna intenta recuperar el significado cognoscitivo y filosófico de la *Agudeza y arte de ingenio* en contraste con esa tradición literaria-ornamental. Según Hidalgo-Serna: «En realidad son los objetos y sus relaciones los que constituyen la materia y el fundamento del concepto y de la agudeza. Ni lo formal ni lo literario pueden ser el alma del concepto, sino sólo la verdad que surge de las "correspondencias" con la ayuda del ingenio» (1993: 69). La indecisión de Borges en torno a la relevancia de Gracián,

En su artículo «Metaphysical Poetry and the Poetic of Correspondence», Joseph Anthony Mazzeo analiza con perspicacia esta doble naturaleza del *concepto*:

> El ingenio es, por un lado, la exploración de un universo constituido de series de correspondencias; y sin embargo, se ensalza el ingenio como ornamentación, *elogio de ese tipo de ingenio que no es visión y cuya conexión oculta no revela una unidad superior.* (1953: 231; traducción y énfasis míos)

Sin embargo, en su intento por calificar la proyección histórica de estas poéticas coincidentes, Mazzeo desacierta significativamente (ni siquiera la fecha original de este artículo, 1953, puede redimirlo) al calificar aquella poética *que no revela una unidad superior* como negativa y la poética de las correspondencias como positiva:

> La teoría del *concepto* como ornamento no podía ser mayormente profundizada, mientras que la toería de las correspondencias universales, concebida como una poética, fue revivida y culminó en la poética de Baudelaire [...]. No es un accidente que la profunda complejidad analógica de mucha de la poesía moderna se deba en gran parte a la obra de Yeats y Baudelaire, dos poetas que estudiaron las ciencias ocultas y revivieron el concepto del poeta como aquel que se acerca a la realidad a través del descubrimiento de las analogías latentes en la naturaleza. (1953: 232-3; mi traducción)[17]

---

sobre quien nunca dejó de pensar, es legendaria; en 1921 escribió: «"más obran quintas esencias que fárragos", dijo el autor del *Criticón* en sentencia que sería inmejorable abreviatura de la estética ultraísta» (en Verani 1990: 289), mientras que en su poema «Baltasar Gracián», de 1968, cincela un lapidario epitafio: «Sé de otra conclusión. Dado a sus temas / Minúsculos, Gracián no vio la gloria / Y sigue resolviendo en la memoria / Laberintos, retruécanos y emblemas» (1974: 882).

[17] El artículo fue publicado en 1953 en *Journal of the History of Ideas* XVI: 221-234, y luego en 1964 en *Renaissance and Seventeenth-Century Studies*. Las citas corresponden a la primera versión. Otro artículo, escrito por Arthur Terry,

Este enfoque de la poesía de Baudelaire soslaya la compleja dialéctica entre analogía e ironía que, originalmente barroca, recorre el impulso romántico, simbolista, modernista y parte de las vanguardias. Pero aun más importante, esa desestimación de la simultaneidad del artificio y el método le impide a Mazzeo apreciar el verdadero alcance histórico del *concepto*, un enfoque que me permitirá aquí, por otra parte, intentar una lectura posible de la epopeya poética que emprende el Huidobro de *Altazor* en el contexto más vasto de las vanguardias hispanoamericanas.

La Guardia post-romántica de la Vanguardia

Vicente Huidobro: La clave de la eterfinifrete

Más allá de la diversidad de lecturas que ha suscitado el poema *Altazor* (iniciado en 1919, publicado en 1931)[18], muchos concuerdan en inscribir esa odisea del lenguaje en el marco de la poética romántica (Paz, Yurkievich, Hahn, Zonana, Maturo). De hecho, muchos críticos asimilan la sensibilidad vanguardista en general en el contexto de la estética romántica, al punto de sostener, como lo hace Lilian Furst, que «la especificidad de la ironía del siglo XX se adecua a la ironía romántica sin necesidad de modificación o calificación» (1984: 232; mi traducción).

«A Note on Metaphor and Conceit in the Siglo de Oro», publicado en 1954 en *BHS*, expresa la misma idea y vendría a confirmar una miopía generalizada en relación a las potencialidades del ornamentalismo barroco. James Smith en «On Metaphysical Poetry» (1933) distingue entre dos tipos de concepto, el ornamental y el orgánico, y define el ornamental como «merely extravagant», es decir, glosado por Terry: «a self-contained piece of wit, indulged in for its own sake, which does not have any further purpose in its context» (1958: 213).

[18] Para información sobre la génesis de *Altazor* y su cronología pueden consultarse el capítulo «Altazor» en Costa 1984 y Bary 1979.

Sin embargo, y a pesar de la ironía que opera en ambos momentos expresivos, se puede distinguir un sutil quiebre, tanto afectivo como programático, en algunos proyectos poéticos del siglo XX hispanoamericano (Huidobro, Neruda, Borges, no por casualidad tres poetas quevedianos), que reclamaría matizar esta filiación aparentemente indivisa. El romanticismo, a pesar de su despliegue de ironía, perspectivismo, caos y flujos, aspira hacia la certeza trascendental. «La intención de la más alta forma de ironía», escribe Furst siguiendo a Schlegel, «es elevar al individuo por encima de las paradojas que constituyen la dialéctica de la vida. La ironía es simultáneamente el modo de percibir y de superar dichas paradojas» (1984: 35; mi traducción). Pero la coexistencia de arrebato romántico y nihilismo proto-postmoderno que manifiesta, por ejemplo, el aberrante vuelo de *Altazor* no intenta trascender o superar las paradojas sino regodearse en ellas. La ironía romántica no problematiza la idea del Absoluto sino su representabilidad o aun su *reconocibilidad*. Al igual que en Quevedo, para el antipoeta mago Altazor, fulminado por la caída ascendente, la paradoja no es plataforma de lanzamiento (práctico o teórico), sino el destino del hombre quien, como decía el otro creacionista Reverdy, se encuentra entre el vuelo y la reptación. La lectura romántica de *Altazor* no sólo no logra agotar su potencial poético, sino que además lo neutraliza.

Así, instancias señaladas de las vanguardias hispanoamericanas constituirían, desde el punto de vista aquí desarrollado, un primer momento de reapropiación del barroco en el siglo XX, pues no se trata de una recuperación meramente estilística o temática del simbolismo, con visos de barroquismo, como ocurre en la poesía de Rubén Darío[19], sino de una restitución de las vislumbres más íntimas del

---

[19] Contrariamente al itinerario aquí apuntado, Irlemar Chiampi concibe el modernismo rubendariano como un primer momento de reapropiación del barroco en la historia literaria de América; sin embargo, al alinearla con el parnasianismo y el simbolismo pertenece a un paradigma que si bien recrea el preciosismo y cierto exceso verbal que apuntan como en el barroco a una «verificación excesiva del mundo externo», se alinearía más con el paradigma de nitidez del romanticismo.

1. Metáfora. La orquesta trágica

barroco español, cifradas en esa estética de la simultaneidad, en el contexto de la cual la lógica metafórica vuelve, prediciblemente, a ocupar un puesto de privilegio.

«El barroco evocado por Darío se traduce en una recreación temática, que se identifica más con lo "español" que con la práctica estética de rescate de una tradición marginada de los ochocientos» (Chiampi 2000: 19). En relación al privilegio de la metáfora, habría que recalcar no sólo el espacio privilegiado que la metáfora ocupa en ambas estéticas (la barroca y la vanguardista), sino y sobre todo la proyección epistemológica que dicho privilegio involucra. En *La deshumanización del arte*, Ortega y Gasset reduce a la metáfora todo el proyecto artístico de la vanguardia: «La poesía es hoy el álgebra superior de las metáforas» (1928: 36); o «Yo diría que objeto estético y objeto metafórico son una misma cosa, o bien que la metáfora es el objeto elemental» (1928: 164). Por otro lado, conecta este valor esencial de la metáfora con su proyección cognoscitiva, pues a través de ella: «averiguamos una coincidencia entre dos cosas más honda y decisiva que cualesquiera semejanzas» (1928: 165). En su análisis de la metáfora de un verso del poeta López Picó que define al ciprés como «el espectro de una llama muerta», escribe Ortega: «Mas al hacer la metáfora la declaración de su identidad radical, con igual fuerza que la de su radical no-identidad, nos induce a que no busquemos aquella en lo que ambas cosas son como imágenes reales, como términos objetivos; por tanto, a que hagamos de estas un nuevo punto de partida, un material, un signo más allá del cual hemos de encontrar la identidad en un nuevo objeto, el ciprés a quien, sin absurdo, podemos tratar como a una llama» (1928: 168). Unos años antes de la publicación de *La deshumanización del arte* (publicada en 1925) y en una línea similar, Borges también colapsa el proyecto lírico de la vanguardia en el elemento metafórico y rescata la proyección epistemológica de la metáfora. En «Al margen de la moderna lírica», Borges define la premisa del ultraísmo con un lenguaje de desplazamiento espacial que conecta la práctica metafórica con la crisis representacional de la vanguardia. El ultraísmo, escribe Borges, que pretende *ver con ojos nuevos* y desde un *nuevo ángulo de visión*, «considera las palabras no como puentes para las ideas, sino como fines en sí» (en Verani 1990: 266-267). En «Ultraísmo» (1921), publicado en *Nosotros* 15 (151), Borges esquematiza los principios en que resume la estética ultraísta: el primero es «Reducción de la lírica a su elemento primordial: la metáfora»; y el último conecta ese privilegio con una incipiente teoría de la opacidad expresiva: «Síntesis de dos o más imágenes en una, que ensancha de ese modo su facultad de sugerencia» (en Verani 1990: 289). En «La metáfora», la había definido como «el corazón, el verdadero milagro de la milenaria gesta verbal» (Verani 1990: 280).

En *Los hijos del limo*, Octavio Paz intenta rastrear la línea que conecta a los románticos alemanes e ingleses, los simbolistas franceses y la vanguardia cosmopolita de la primera mitad del siglo xx. Ese linaje (del romanticismo al surrealismo, según Paz) puede definirse en términos de una visión analógica del universo persistentemente amenazada por un espíritu irónico, por una conciencia crítica de autonegación que es esencia de la modernidad:

> La creencia en la correspondencia entre todos los seres y los mundos es anterior al cristianismo, atraviesa la Edad Media y, a través de los neoplatónicos, los iluministas y los ocultistas, llega hasta el siglo xix. Desde entonces no ha cesado de alimentar secreta o abiertamente a los poetas de Occidente, de Goethe al Balzac visionario, de Baudelaire y Mallarmé a Yeats y a los surrealistas. […] La poesía es la *otra* coherencia, no hecha de razones sino de ritmos. No obstante, hay un momento en que la correspondencia se rompe; hay una disonancia que se llama, en el poema: ironía, y en la vida: mortalidad. *La poesía moderna es la conciencia de esa disonancia dentro de la analogía*. (1981: 85-86; énfasis mío)

Rastreando esta lógica de la modernidad hacia el barroco, podemos ver la misteriosa intimidad urdida entre la representación anamórfica y el topos del *Vanitas* como una instancia paradigmática de esta coincidencia de ironía y mortalidad a la que agudamente apunta Octavio Paz; pues la carga de insignificación que comporta el prospecto siempre inminente de la no-existencia se implanta en el sistema expresivo del barroco no como elemento o contrapunto temático sino como principio de organización, ya sea retórico o perceptivo. La calavera anamórfica proyecta, más que una tensión dramática, el drama de la fluidez entre la significación y la insignificación, entre la vida y la muerte[20].

---

[20] Esta experiencia doble de sobrevacío y sobrecarga es la marca de la distorsión y el sustrato de la «ironía barroca» en la sensibilidad neobarroca. Como

Otra imagen que ha captado esta ironía barroca del sobrevacío y la sobrecarga es la figura paradójica de la caída infinita, de la caída sin dirección: un desprendimiento destinado no a la consumación del impacto sino a la perpetuación del desplazamiento. Así, también acierta Paz en ver en Quevedo al primer poeta de la modernidad, y en la figura de la caída su expresión, aunque Paz, desde su propia sensibilidad romántica, entienda este drama en términos de agudas escisiones en lugar de veladuras y superposiciones:

> Vi en Quevedo al protagonista –testigo y víctima- de una situación que, siglos más tarde, vivirían casi todos los poetas de la modernidad: la caída en nosotros mismos, el silencioso despeñarse de la conciencia en su propio vacío. [...] una caída que revela nuestra fractura interior, nuestra escisión. En esta desolada conciencia de la separación reside la extraordinaria modernidad de Quevedo. (1996: 14-16)

En el existencialismo *avant la lettre* de Quevedo, la experiencia personal de la insignificancia suscitada por la conciencia del vacío amenaza el sistema de significaciones en que se sustenta la visión analógica del universo, pero a la vez, la *constante* del amor (más allá de la muerte) desestabiliza la falta de significación como principio alternativo de «organización». En este punto, así como en tantos otros, los ecos entre Quevedo y Huidobro se vuelven ineludibles. Tanto en Quevedo como en Huidobro somos lanzados a un viaje simultáneo hacia y desde la significación. Una paradoja que ya está expresada en el subtítulo de *Altazor*, «viaje en paracaídas»: la gran caída hacia el impacto perpetuamente desplazado. La caída como

---

nota curiosa, en la carta que escribe Quevedo a Manuel Serrano del Castillo, la descripción explícita de su rostro envejecido parece graficar esta conexión entre *Vanitas* y anamorfosis: «las rugas han desmoldado las faciones; y el pellejo se ve disforme con el dibujo de la calavera, que por él se trasluce. Ninguna cosa me da más horror que el espejo en que me miro: cuanto más fielmente me representa, más fieramente me espanta» (en Gómez de la Serna 1947: 146).

viaje. «La caída eterna sobre la muerte / La caída sin fin de muerte en muerte» (1995: 27).

Una de las formas que adquiere este viaje es el de un *encadenamiento climático* de correspondencias fallidas que, en diálogo con las analogías del simbolismo, indica el tipo singular de paradoja que practica Huidobro: aquí el lazo metafórico, impulsado hacia un desplazamiento continuo al borde del naufragio no-referencial, nunca se resuelve en el silencio sino en su propia e irreprimible proliferación, marcada prosaicamente por el «Etcétera Etcétera Etcétera» que remata la estrofa:

> Otra cosa otra cosa buscamos
> Sabemos posar un beso como una mirada
> Plantar miradas como árboles
> Enjaular árboles como pájaros
> Regar pájaros como heliotropos
> Tocar un heliotropo como una música
> Vaciar una música como una saco
> Degollar un saco como un pingüino
> Cultivar pingüinos como viñedos
> [...]
> Descalzar un navío como un rey
> Colgar reyes como auroras
> Crucificar auroras como profetas
> Etcétera Etcétera Etcétera (1995: 57)

La aventura del vertigonauta Altazor es una caída desde la significación fraudulenta que circula como comunicación social hacia la insignificación gloriosa del pulsar originario del universo. Remitiendo a alusiones musicales[21], Huidobro escribe: «La poesía es el lenguaje

---

[21] En el *Manifiesto de manifiestos*, escrito en 1925, Huidobro articula una poética que parece sintonizarse, sin matices, con la sensibilidad analógica-musical que se extiende de Aristóteles a Leonard Bernstein: «el poeta es aquel que sorprende

de la Creación. [...] Las células del poeta están amasadas en el primer dolor y guardan el ritmo del primer espasmo» («La poesía», en Verani 1990: 212). Esa desarticulación progresiva pero ascendente que va del sentido (sinsentido social) al sinsentido (sentido primigenio) pasando por el seudosentido (Nonsense[22]), estructura el poema por medio de estrategias metafóricas que comienzan amenazando el referente, desintegran luego la estructura morfológica y léxica y terminan atomizando el nivel sintáctico y semántico del lenguaje. «Con cortacircuitos en las frases / Y cataclismos en la gramática» (1995: 58).

Del verso transparente (incluso de inspiración petrarquista):

> Con la cabeza levantada
> Y todo el cabello al viento (1995: 50)

Desemboca en el quiebre de la pertinencia referencial:

> Mira la carreta y el atentado de cocodrilos azulados
> Que son periscopios en las nubes del pudor (1995: 65)

De la desarticulación morfo-léxica:

> Al horitaña de la montazonte
> La violondrina y el goloncelo (1995: 68)

---

la relación oculta que existe entre las cosas más lejanas, los ocultos hilos que las unen. Hay que pulsar aquellos hilos como las cuerdas de un arpa, y producir una resonancia que ponga en movimiento las dos realidades lejanas» (en Verani 1990: 245). De hecho, *Altazor* revela por su estructura en siete cantos, «abarcador de los espacios terrestres y celestiales», las incursiones de Huidobro en el mundo de la masonería en Francia y las ciencias ocultas basadas en la creencia de un mundo creado por manos divinas y cargado de significación.

[22] Para un análisis sobre la función del *Nonsense* y su utilización en *Altazor*, véase Hey 1979. La idea del *Nonsense* (con mayúscula) remite no a lo que carece de sentido, sino al juego entre sentidos, al malentendido, al desajuste de la sintonía, a la esencial insignificancia que acecha detrás de cada sentido.

Pasa a la dislocación sintáctica:

> La casacada que cabellera sobre la noche
> Mientras la noche se cama a descansar (1995: 94)

Para alcanzar finalmente la desintegración climática del sentido exacerbada en el último Canto:

> Lalalí
> Io ia
> iiio
> Ai a i ai a iiii o ia (1995: 111)[23]

En la «Premática contra los poetas hueros, chirles y hebenes», Quevedo censura a esa «secta de hombres condenados a perpetuo concepto, *despedazadores de vocablos y volteadores de razones*» (1970: 62; énfasis mío). Pero la acusación va dirigida contra el culteranismo gongorino y no, anticipadamente, contra los cataclismos verbales de Huidobro. De hecho, en el particular proyecto vanguardista de Huidobro reverbera el anamorfismo conceptista de Quevedo. No es entonces antojadiza esta exploración de la trama secreta que conecta la sensibilidad barroca con la vanguardia a través del nexo Quevedo-Huidobro. Hay en *Altazor,* desde el Prefacio hasta los últimos Cantos, una respiración quevedesca, una libertad, un regodeo en el juego de palabras y una capacidad de síntesis que recuerda a la pirueta conceptista y a la concreción latina de Quevedo (y eso sin distraernos en

---

[23] A pesar de su relevancia, evito incluir en este análisis una discusión sobre la influencia de los experimentos dadaístas en el Creacionismo de Huidobro. Valga citar como referencia los poemas fónicos en el lenguaje inventado de Hugo Ball, recitados en el Cabaret Voltaire como «Katzen und Pfauen» (1916). Cito aquí sólo una estrofa: «Baubo sbugi ninga floffa / Siwi faffa / Sbugi faffa / Olofa fafamo / Faufo halja finij» (en Hugnet 1973: 188). Sin olvidar, por supuesto, la producción *Merz* de Kurt Schwitters, poema fonético aparecido en 1923.

el gusto compartido por el retruécano). Y, sobre todo, el privilegio a la expresión metafórica y el *pathos* a la vez arrebatado y nihilista, exultante y angustiado que comparten ambos poetas[24].

En la siguiente estrofa de *Altazor* resaltan no sólo la concisión y velocidad conceptista, sino también esa simultaneidad del sentido y su negación, del despegue y el entierro expresados por una caída perpetua que logra continuar sus acrobacias a través de tumbas que se abren hacia «témpanos de hielo», hacia «la sombra del universo» o hacia «la hirviente nebulosa que se apaga y se alumbra»:

> [...]
> Y voy andando a caballo en mi muerte
> Voy pegado a mi muerte como un pájaro al cielo
> Como una flecha en el árbol que crece
> Como el nombre en la carta que envío
> Voy pegado a mi muerte
> Voy por la vida pegado a mi muerte
> Apoyado en el bastón de mi esqueleto (1995: 32)

---

[24] Cuando Huidobro, en *Altazor*, describe al hombre como «habitante de este diminuto cadáver estelar» (1995: 36) uno no puede sino releer al Quevedo de los Sonetos que se reconoce «dentro en mi propio cuerpo sepultado» (1981: 61), y cuando Huidobro despega en paroxismos de exaltación trascendental e imagina que «el infinito se instala en el nido del pecho» (1995: 41) también nos recuerda al Quevedo del «polvo serás mas polvo enamorado» Estos versos del Canto I parecen directamente inspirados en el Quevedo de «Ah de la vida!»: «Todo ha de alejarse en la muerte esconderse en la muerte / Yo tú él nosotros vosotros ellos / Ayer hoy mañana / Pasto en las fauces del incansable olvido / Pasto para la rumia eterna del caos incansable» (1995: 25). René de Costa (1984) señala también el concentrado conceptismo de un verso como «Y un millar de lágrimas hacen una sola cruz de nieve», del Canto I, donde, refiriéndose al invierno de la posguerra de 1919, conecta lágrimas con nieve, salteando el referente conectivo del cementerio militar.

Como si encarnara semióticamente la reflexión del Salmo XVIII del *Heráclito Cristiano* de Quevedo, «Antes que sepa andar el pie, se mueve / camino de la muerte», el lenguaje referencial del Prefacio de *Altazor* alberga el cataclismo expresivo que se precipita hacia el último Canto. Desde el momento en que vislumbramos el significado, este comienza a esfumarse. El sinsentido acecha, como la muerte, detrás de cada significado. Como escribe Saúl Yurkievich: «Desde el comienzo de *Altazor* la visión metafórica nos ingiere […]. El discurso divaga empedernidamente traslaticio, provocando transferencias recíprocas de todo orden en toda dirección» (1979: 142). El Prefacio nos sitúa entre un referente filtrado por una expresión críptica y la satisfacción orgánica del *heterogéneo contacto entre las palabras*.

A pesar de resistir los principios de la escritura automática, Huidobro alcanza resultados asombrosamente similares a los obtenidos por Breton en *Les Champs Magnétiques* (1920) o *Poisson Soluble* (1924). Pero más allá de una similitud superficial, no sólo los métodos sino también los objetivos se contraponen. El lenguaje (gramatical, pertinente) es visto en *Altazor* como algo más que un filtro entre el hombre y la realidad, como algo más que «una lengua mojada en mares no nacidos, o una voz que se desfonda en la noche de las rocas» (1995: 41). La gesta poética no radica simplemente en desintegrar ese lenguaje y recrear otro capaz de reestablecer una conexión prístina entre el mundo y el hombre[25].

---

[25] Para la relación entre el proyecto de Huidobro y el surrealismo de Breton puede véase el capítulo «Más allá del cubismo» en Costa 1984. Allí, entre otras cosas, comenta: «La oposición de Huidobro hacia el surrealismo, aunque está documentada, se comprende poco y mal, pues si bien condenaba el credo del movimiento, su escritura había adquirido características no del todo distintas a lo condenado. El hecho es que mientras Huidobro rebasaba al cubismo, una cuidadosa yuxtaposición dio lugar a cierto flujo generativo de palabras que terminó por ser la base creativa de nuevos patrones de significado. En este proceso, la metáfora tendía a ser más el resultado del azar que de un proceso planeado. O, al menos, ese parecía» (1984: 131). En todo caso, como se ve por esta búsqueda

Esa aparente poética de estetoscopio que evoca el creacionismo de Huidobro haría pensar que, más allá de toda fragmentación y desconcierto lingüístico, sostiene el proyecto altazoriano una ambición de *nitidez*, una fe en la melodía que existe más allá de la disonancia; una confianza en la analogía universal. Si bien estas certidumbres constituyen la base del proyecto de las vanguardias tempranas, congénitamente románticas –el futurismo, el cubismo, el surrealismo[26]–, *Altazor*, en el contexto de la poética creacionista, se presenta como el desafío y la autocrítica a su propia pretensión de *nitidez*. Y justamente, la medida en que Huidobro concibe este proyecto como viable o, mejor dicho, los matices que Huidobro impone a su viabilidad nos ofrecen una pista para apreciar la extensión de su audacia crítica y la verdadera sensibilidad que subyace al proyecto presuntamente romántico de *Altazor*. Este es el enfoque que ensaya René de Costa:

> Altazor va más allá de su propósito inicial, pasando de ser un texto que discurre sobre el papel de la poesía a ser otro que muestra y demuestra las posibilidades y las limitaciones de la palabra misma: un alarde verbal que en la lectura se convierte en un *happening* lingüístico. [...] Es notable que al final del canto [III], Huidobro llegue a cuestionar no sólo su propio sistema creacionista (el del cubismo literario) sino los de toda la vanguardia: «rumor de frase sin palabra». (1996: 161-162)

Los surrealistas apuntaban a transformarse en instrumentos de una revelación superior o quizá anterior a sí mismos y, hasta cierto

---

frenética de una proto-lengua, «Huidobro pretendía ir más allá del Surrealismo, más allá de la ilación (para él lógica) del pensamiento no-articulado del subconsciente» (1984: 190).

[26] El surrealismo es, como define Réné Passeron, «un simbolismo enriquecido por el psicoanálisis (y ciertos aspectos del marxismo) y profundizado por una práctica de lo maravilloso onírico y erótico. El simbolismo también palpita en el futurismo de Marinetti donde la analogía es vista como el amor inmenso que vincula las cosas distantes (en Zonana 1994: 53).

punto, la escritura de Huidobro también se inscribe en ese proyecto romántico, simbolista, de transformarse en un poeta vidente. En su caso ya no sólo por medio de ese «largo, inmenso y razonado desarreglo de todos los sentidos», como pretendía Rimbaud, sino por medio de un inmenso desajuste del lenguaje y el potencial atomizador de la síntesis metafórica. Pero esa vocación inicial de *nitidez*, esa fe en la legibilidad última del universo que Huidobro comparte con la vanguardia temprana se ve constantemente amenazada y, como era de esperar, alcanza su triunfo en su imposibilidad[27].

En *Manifiesto del Ultra*, Borges propone la existencia de dos estéticas: la estética pasiva de los espejos y la estética activa de los prismas. Es decir una estética referencial y una estética que impone «facetas insospechadas al universo» (Borges, en Verani 1990: 269)[28].

---

[27] Cito a Zonana: «[Altazor] constituye un fenómeno de maduración y evaluación de los diversos programas estéticos que convergen en las vanguardias –incluído el propio–. Por esta razón, su lectura permite deducir una nueva valoración de los poderes de la imagen sintética, pero ahora desde la práctica concreta. El juego de las estrategias textuales, cuya acción "des-simbolizante" crece de canto en canto, manifiesta de manera exhaustiva los potenciales expresivos y cognitivos de la síntesis imaginaria llevada hasta sus extremos posibles» (1994: 57).

[28] *Anatomía del Ultra* fue publicado en Palma de Mallorca en febrero de 1921, y firmado por Borges junto a Jacobo Sureda, Fortunio Bosanova y Juan Alomar. En otro artículo de título similar, «Anatomía de mi Ultra» (publicado en *Ultra*, Madrid, en mayo del mismo año) Borges define la metáfora como «esa curva verbal que traza casi siempre entre dos puntos –espirituales– el camino más breve». Geométricamente el camino más corto entre dos puntos debe ser una recta, pero aquí al remitir a la curva como un camino mas corto nos remite a otra geometría, la geometría no euclidiana de la metáfora. Lazaro Carreter ha definido el Concepto como «la revelación de una inesperada tangencia de dos o mas lejanías» (en Blanco 1988: 43). Lo sugerente del enfoque de Carreter es la dimensión espacial en la que inserta el *concepto*, sugiriendo así la violencia material que el ingenio opera en la «geometría» de un universo previamente concebido en términos racionales de correspondencias meramente silogísticas. El universo que conjura el *concepto* se encuentra más cercano al escenario propuesto por la teoría de los «wormholes», que conectan en una fisura del espacio-tiempo de Einstein

Alineados en estos dos paradigmas (el transparente y el prismático), Borges contrapone momentos de *nitidez* a instancias de *distorsión*. Así, «La recta arquitectura de los clásicos, la exaltación romántica, los microscopios del naturalismo, los azules crepúsculos que fueron las banderas líricas de los poetas del novecientos», se contraponen a la estética del Ultraísmo, el Creacionismo de Huidobro y las greguerías de Ramón Gómez de la Serna, cuya «prosapia [...] es ilustre y engarza su raíz trisecular en la visiones de Quevedo».

Si bien a primera vista la síntesis metafórica que se constituye como principio organizador de *Altazor* pareciera perseguir un ideal de trascendencia, que remite a la metáfora musical de la analogía universal, una lectura minuciosa revela las puntas insurrectas del Huidobro altazoriano que justifican ampliamente su inclusión en los lineamientos de una estética prismática que coincide con la estética conceptuosa, anamórfica, distorsionada de Quevedo.

Luego de explorar el poder de la dislocación progresiva en *Altazor*, Zonana termina ofreciendo una lectura simbolista del poema, una interpretación que lo acerca a la visión mística de Leonard Bernstein refiriéndose a la omnipotencia expresiva de la música:

> Huidobro instrumenta una práctica saturante para demostrar que aquellos aspectos no traducibles de la realidad se evaden no sólo del lenguaje lógico-racional, sino también del lenguaje poético. El programa de *Altazor* se acerca, conforme avanza el poema, hacia los límites de toda posible verbalización. Tiende hacia los dominios de la música. [...] capaz de expresar espacios de la existencia que otros universos simbólicos no alcanzan a traducir. (Zonana 1994: 99)

Sin embargo, como en el proyecto de las lenguas totales de los vanguardistas o los idiomas universales del renacimiento, este len-

---

dos momentos diferentes, que al organizado y estático universo de Aristóteles categorizado en géneros, especies y diferencias.

guaje total se alcanza junto con la soledad total. El lenguaje absoluto implica la imposibilidad de la comunicación. La fe desorbitada en el potencial elocutivo de la lengua («la palabra electrizada de sangre y corazón») coincide con el reconocimiento de todo proyecto expresivo como una forma de juego; la proto-lengua coincide con el trabalenguas:

> Y puesto que debemos vivir y no nos suicidamos
> Mientras vivamos juguemos
> El simple sport de los vocablos (Huidobro 1995: 59)

Como apunta René de Costa, Huidobro reconoce tempranamente este fracaso en términos de la búsqueda de una lengua poética visionaria, como en el caso de Rimbaud; de allí el empeño subsiguiente de presentarse «como poeta fracasado, como un *gran* poeta fracasado» (1995: 194). Pero el fracaso no es temático en *Altazor*; está incorporado a la fisiología de la expresión. El naufragio no es una desviación sino la naturaleza del viaje.

> Aventura de la lengua entre dos naufragios
> Catástrofe preciosa en los rieles del verso (1995: 59)

La escritura de Huidobro corre entre naufragios, es una escritura que avanza al pairo de nuestro destino, a la deriva entre la profecía y la amnesia, entre el ruido ensordecedor de la sociedad y el silencio del aislamiento primigenio, entre los rostros anónimos de los que nacen y los que mueren.

Aunque el artículo «Altazor: La metáfora deseante» de Saúl Yurkievich podría ser considerado como un poema en sí mismo, Yurkievich parece no reconocer esta fuerza irónica que es elemento orgánico de la estructura de *Altazor*, empalmando así su lectura con la analógica de Zonana. Según Yurkievich el cometido de Altazor se resume en ese proyecto de «hacer aflorar el orden oculto» y oír la música que precede a toda articulación gramatical:

> Semantizados los significantes y somatizados los significados, la lengua, melificada por el placer oral y glótico, abandona la estructura frástica por la sopa sonora. Así la bella nadadora recupera su rol acuático y puramente acariciador [...] La fonación abandona su relegación servil de diferenciadora morfosintáctica: empareja los rasgos distintivos y disuelve las identidades en un ímpetu coral. (1979: 145-147)

Sin embargo, Huidobro nunca deja de atentar contra esa ilusión, fundamento de todo el poema, de un pulso inaugural, «anterior a los tiempos». Si bien el propio Altazor se define como una orquesta (polifonía armónica), esa orquesta es inevitablemente trágica (la falla fatal):

> Soy una orquesta trágica
> Un concepto trágico
> Soy trágico como los versos que punzan en las sienes y no pueden salir
> Arquitectura fúnebre
>   Matemática fatal y sin esperanza alguna (1995: 30)

Ese doble juego de trascendencia e ironía se articula también por un canto que, lejos de la sofisticación polifónica, se expresa por una onomatopeya pedestre que es más sátira que articulación de la polifonía cósmica: «tralalí tralalá»:

> El pájaro traladí canta en las ramas de mi cerebro
> Porque encontró la clave del eterfinifrete
> Rotundo como el unipacio y el espaverso
> Uiu uiui
> Tralalí tralalá
> Aia ai ai aaia i i (1995: 74)

René de Costa alcanza a reconocer en esta culminación del Canto IV la marca irónica que define el viaje de Altazor: «Calculada ironía la de que el plácido cantar del poeta-pájaro no prefigure un nuevo y más natural lenguaje, como aquí se aparenta, sino el angustiado remate del Canto VII: la trans-significación vuelta no-significación que finaliza la busca de Altazor» (1996: 205). Aquí, la «tensión» hiperbólica que implica la recuperación del lenguaje primigenio, de la trascendental cifra fundida en el humus de la creación, se resuelve en una radical «distensión» satírica: «la clave del eterfinifrete». La rigurosa y prestidigitada construcción palindrómica de esta palabra no puede trascender el tartamudeo lúdico que contiene. Esta duplicidad recuerda a la oscilación conceptista, mencionada por Mercedes Blanco, entre la gravedad de un sentido «místico» y la ligereza del chiste. Como el «baciyelmo» cervantino, el «eterfinifrete» logra concentrar en un solo vocablo compuesto la esencia de la distorsión altazoriana; a pesar de conjurar semánticamente la idea de una fusión superior de eternidad y finitud, el cariz fónicamente profano, paráfrasis eufemística de un frenetismo escatológico que ni siquiera imaginamos (¿refregarse / restregarse eternamente?), sólo nos mueve a la carcajada. Y por si aun dudábamos, el pájaro traladí nos da, finalmente, la clave del eterfinifrete: «tralalí tratala».

Si bien la metáfora huidobriana remite, como dice Yurkievich, «al verbo auroral, a los sueños de la palabra, a la zona matricia, al relacionable genésico, a la placenta lingüística» (1979: 143)[29], en el mismo gesto es parodia mordaz de ese proyecto. Si la lógica metafórica suscita «otro mundo que corresponde a otras posibilidades de existencia» (Yurkievich 1979: 143), también sugiere los límites infranqueables de esta. *Altazor* nos ofrece, como toda la poesía de

---

[29] Sólo por el placer de su lectura, transcribo aquí la propagación metafórica de Yurkievich para definir el proyecto altazoriano: «Altazor retorna al dada primigenio, al caldo biogenerador, a la prelengua, a la fluidez amniótica, a la flotación melódica, a la melcocha, a la melaza vocal» (1979: 146).

Quevedo, la metafísica y la satírica, un subterráneo atalaya desde donde observar simultáneamente la reificación y la parodia, desde donde vislumbrar una forma de inmortalidad y reconocer al mismo tiempo la mortalidad que nos define como *presentes sucesiones de difunto*.

Desde este punto de vista puede descifrarse la curiosa inserción del Canto II en el poema *Altazor*, canto de amor apasionado, cargado de fe en la comunicación entre las almas y la significación del universo. Los versos siguientes son manifestación de ese inesperado rapto analógico:

> Estamos cosidos por la música tendida
> De uno a otro (1995: 47)
>
> Tu frente luminosa como un anillo de Dios
> Más firme que todo en la flora del cielo (1995: 48)
>
> Mas bellos que la parábola de un verso
> La parábola tendida en puente nocturno de alma a alma (1995: 50)
>
> Si tú murieras
> [...]
> ¿Qué sería del universo? (1995: 52)

Este canto erótico, que ocupa casi el centro en la disposición espacial del poema y hasta recrea los topos de la poesía petrarquista, puede ser leído, en concordancia con los sonetos a Lisi en el conjunto poético de Quevedo, como un polo desestabilizador que pone en peligro y neutraliza el otro centro gravitacional de muerte-ironía-insignificación. Como se ha visto más arriba, el tema del amor funciona tanto en *Altazor* como en la poesía de Quevedo como una suerte de anti-*Vanitas* anamórfico: el reverso del verso *antipoético*. En el contexto de la lógica circular aquí planteada entre el sentido y el sinsentido, el objeto del deseo erótico-amoroso encarna en ojos, bocas, cabellos que, distorsionados por la anamorfosis metafórica, nos recuerdan que también la muerte es exigua y trascendible.

Oscar Hahn, insistiendo excesivamente en las conexiones religiosas, conecta la caída de Altazor con la de Luzbel, el ángel caído. Escribe Hahn: «La experimentación creacionista ha terminado con la muerte del héroe, pulverizado por la explosión del experimento. La aventura de la vanguardia ha llegado a su fin; el creacionismo ha culminado en el destruccionismo: el Génesis, en el Apocalipsis» (1995: 19). En *Altazor*, sin embargo, más cercano a la caída de Lautreamont que a la de Rimbaud, la caída no tiene dirección y por lo tanto su destino no es el impacto sino el desplazamiento. En efecto, todas las formas de la caída en el poema desafían la ley de la gravedad o exacerban la ley de la resistencia, de la perspectiva y hasta del rebote. No es el globo que se acerca a la tierra sino la tierra que se acerca al globo (1995: 9). Como «Un caballo que se va agrandando a medida que se aleja» (1995: 71), «mi paracaídas cae de sueño en sueño» (1995: 9). Altazor no es fulminado por el impacto sino por la altura (1995: 72), pues la atracción de la muerte atrae hacia sepulcros abiertos (1995: 11), hacia entierros que son aéreos (1995: 75). «Y mientras de más alto caigas, más alto será el rebote, más larga tu duración en la memoria de la piedra» (1995: 14).

En un gesto que remite a la secularización de la idea de dios en Nicolás de Cusa, Huidobro parece secularizar la idea de la caída religiosa y desairar, en el mismo impulso, la caída metafísica. La caída de Altazor, como el círculo ubicuo de Cusa y como las caídas de Quevedo, es una caída cuya aceleración se verifica en cualquier instante y su impacto en ninguno. Desde ese vértigo puede leerse la música final:

Ai a i ai a iiii o ia (1995: 111)

La reverberación de la altafrecuencia rítmica en que hierve el caldo original, el grito de la caída infinita y pluridireccional, el eterno tarareo frenético, el rasguño excoriativo de la eterfinifrete y sobre todo, la carcajada, reverberando de siglo en siglo (rebotando de piedra en piedra), que sacude a la calavera desencajada de Quevedo.

II. Hipérbaton

El mundo como sintaxis

> Mi jardín está colmado de colinas
> Y las colinas están atiborradas de libros.
>
> Yuan Mei

> Quisiera escribir un libro que fuera capaz de soñar.
>
> Lawrence Durrell

Que el «El jardín de senderos que se bifurcan», un cuento sobre la fragmentación infinita del tiempo, comience haciendo referencia a un puntual hecho histórico remite a un gesto irónico que define la escritura de Borges:

> En la página 242 de la *Historia de la Guerra Europea*, de Liddell Hart, se lee que una ofensiva de trece divisiones británicas (apoyadas por mil cuatrocientas piezas de artillería) contra la línea Serre-Mautauban había sido planeada para el veinticuatro de julio de 1916 y debió postergarse hasta la mañana del día veintinueve. (1997: 100)[1]

---

[1] Se suma a la ironía el hecho que esta referencia borgeana no es ni siquiera totalmente apócrifa. En la edición original que consulto de *A History of the World War* de Liddell Hart los datos difieren ligeramente: «El 14 de julio, la penetración de la posición de los alemanes ofreció una oportunidad que no fue aprovechada. De allí en adelante se desarrolló una avanzada metódica pero costosa, y aunque poco terreno fue ganado, la resistencia alemana se vio seriamente exigida cuando las primeras lluvias del invierno suspendieron las operaciones en noviembre. El efecto de ello, sin embargo, puede ser exagerado» (1935: 275; mi traducción).

En ese inesperado desfasaje temporal, Borges descubre una fisura por donde contrabandear una concepción del tiempo que desmantela la condición de posibilidad de la historia; o al menos, la posibilidad de una historia lineal. De eso trata el resto del cuento, presentado como la declaración legal de Yu Tsun, agente del imperio alemán, ante el prospecto inminente de la horca inglesa[2].

En una primera aproximación, «El jardín de senderos que se bifurcan» consiste en esa declaración, durante la cual Yu Tsun confiesa su plan para comunicar crípticamente a Alemania el nombre de la ciudad donde Inglaterra ocultaba su parque de artillería. Yu Tsun había planeado asesinar a una persona cuyo nombre coincidiera, al azar, con el de esa ciudad: Albert. Respetando el orden aparentemente accidental que subyace a la narrativa borgeana, esa persona, Stephen Albert, aunque elegida aleatoriamente en la guía telefónica, resulta ser el único sinólogo que había logrado develar el ancestral enigma de Ts'ui Pên, bisabuelo de Yu Tsun. Habiéndose consagrado a la creación de una novela y de un laberinto infinitos, Ts'ui Pên sólo había dejado un texto que todos consideraban un «acervo indeciso de borradores contradictorios» y un supuesto laberinto que nadie podía encontrar. Sólo Stephen Albert había logrado resolver el acertijo: el laberinto y

---

[2] Se vuelve rápidamente evidente que esta declaración está sagazmente pergeñada para conseguir la absolución (y quizá radique allí la única evidencia demostrable de la naturaleza ficticia de su historia). ¿Cómo no absolver a un condenado a la horca cuya revelación sobre la infinitud de realidades paralelas, relativiza el concepto de lealtad hasta una escala despreciable? Dos momentos en particular de la declaración del espía chino delatan su ilegítima motivación: primero denigra la misma lealtad que lo condujo a cometer el acto más evidente de fidelidad: «No lo hice por Alemania, no. Nada me importa un país bárbaro, que me ha obligado a la abyección de ser un espía» (1997: 103). Luego intenta el camino de la poesía: «un hombre puede ser enemigo de otros hombres, de otros momentos de otros hombres, pero no de un país; no de luciérnagas, palabras, jardines, cursos de agua, ponientes» (1997: 107).

el libro eran una y la misma invención. Antes de ser asesinado, Albert conjetura:

> Ts'ui Pên diría una vez: *Me retiro a escribir un libro*. Y otra: *Me retiro a construir un laberinto*. Todos imaginaron dos obras; nadie pensó que libro y laberinto eran un solo objeto. El Pabellón de la Límpida Soledad se erguía en el centro de un jardín tal vez intrincado; el hecho puede haber sugerido a los hombres un laberinto físico. Ts'ui Pên murió; nadie, en las dilatadas tierras que fueron suyas, dio con el laberinto; la confusión de la novela me sugirió que ese era el laberinto. (1997: 111)

Así, las contradicciones que plagan esa novela inescrutable (por ejemplo, en el tercer capítulo muere el héroe, en el cuarto está vivo), son presentadas, no como resultado de experimentos retóricos, sino como derivación necesaria de la cosmología infinita y caótica desde la cual Ts'ui Pên había concebido la novela. Dicha cosmología consiste en una *red creciente y vertiginosa de tiempos divergentes, convergentes y paralelos* que abarca y contempla todas las posibilidades de forma simultánea: «En la obra de Ts'ui Pên, todos los desenlaces ocurren; cada uno es el punto de partida de otras bifurcaciones. Alguna vez, los senderos de ese laberinto convergen» (1997: 113).

Más allá de las perturbaciones que la novela de Ts'ui Pên opera en una concepción lineal de la historia y del tiempo, su configuración caótica puede servir como modelo teórico para imaginar la lógica no-secuencial que rige la circulación de influencias, préstamos y reinterpretaciones en el universo también caótico de la historia de las ideas y las sensibilidades. Este es, de hecho, el modelo ana-histórico que guía esta investigación, dedicada a conjeturar relecturas mutuas e influencias reciprocas entre los horizontes imaginativos del siglo XVII y del XX. Dicho recurso metodológico se verá exacerbado en este capítulo, pues ya no sólo el método, sino sobre todo el tema que conecta estos diálogos *prepósteros* orbitará en torno al concepto mismo de la transposición (hipérbaton). En el contexto más vasto del clima intelectual de los entresiglos XVI/XVII y XIX/XX, caracterizado por la experimentación conjetural (Copérnico/Galileo y Riemann/Einstein), la figura retórica de la transposición (definida por la perturbación y el reordenamiento) será entendida, a su vez, como figura epistemológica, en la medida en que la epistemología será aquí considerada en términos puramente poéticos[3].

[3] El contraste entre el agua-barco que transportan al peregrino de las *Soledades*, y las vías-tren que transportan a Yu Tsun no sólo subraya el imaginario de viaje que distingue a los respectivos horizontes históricos, sino que además sintetiza las afinidades que fluyen entre la cosmovisión modular de Góngora y de Borges. Pues mientras el agua, motivo central de las *Soledades* y entorno natural del náufrago gongorino, aparece como *topos* frecuente en los experimentos conjeturales de la astrología premoderna como ilustración de la relatividad del movimiento, la metáfora del vagón de tren, en los experimentos mentales de Albert Einstein, expone la naturaleza absoluta de la finitud y constancia de la velocidad de la luz como fundamento de la relatividad del espacio y el tiempo. En el capítulo 8 de *De Revolutionibus*, Copérnico recurre al agua como medio para visualizar la relatividad del movimiento en contraste con la evidencia directa de la inmovilidad de la tierra y los cielos: «¿Y por qué no aceptar que la rotación diurna es sólo aparente en los Cielos y real en la Tierra? Es como en el decir de Eneas en Virgilio –navegamos hacia adelante desde el puerto, y la tierra y las ciudades retroceden. Mientras la nave flota hacia delante en la calma, todos los elementos externos parecen tener el movimiento que en realidad le pertenece a la nave, mientras que aquellos dentro de la nave con todos sus contenidos, se estiman en reposo» (en Kuhn 1970: 152; mi traducción). El vagón del tren, por su parte, en el que Yu Tsun escapa de su perseguidor y alcanza a su perseguido, ha sido la metáfora más popularizada de todas a las que recurrió Einstein para representar la indeterminación de todo marco de referencia, como la expresada en *Relatividad: La teoría especial y la general*: «Estoy parado en la ventana de un vagón de tren que viaja uniformemente, y dejo caer una piedra, sin tirarla, en el terraplén. [...] veo que la piedra desciende en una línea recta. Un peatón que observa la acción desde el sendero nota que la piedra cae a la tierra en una parábola curva. Ahora pregunto: ¿las "posiciones" recorridas por la piedra constituyen "en realidad" una línea recta o una parábola? [...] La piedra atraviesa una línea recta en relación a una sistema de coordenadas rígidamente conectado al vagón, pero en relación a un sistema de coordenadas rígidamente conectado al andén describe

II. Hipérbaton. El mundo como sintaxis

El historicismo barroco que ensaya Mieke Bal en *Quoting Caravaggio* también contempla la compleja dialéctica de «enmarañamiento» (*entanglement*) e inestabilidad desarrollada entre «pliegues» históricos. Bal recorre esta «historia prepóstera» a través de las obras «neobarrocas» de David Reed, Ken Aptekar, Ana Mendieta y Amalia Mesa-Bains, entre otros:

> Tales revisiones del arte barroco, ni colapsan el pasado con el presente, como ocurriría en un presentismo mal concebido, ni objetivizan el pasado para traerlo dentro de nuestro ámbito, como ocurriría en un problemático historicismo positivista. Lo que sí demuestran, sin embargo, es una forma posible de relacionarse con «el pasado hoy». Esta reversión, que ubica lo que viene cronológicamente antes («pre») como si se tratara de los efectos posteriores («post») de su ulterior reciclamiento, es lo que yo llamaría una historia prepóstera. En otras palabras, es una forma de «hacer historia» que conlleva incertidumbres productivas y centelleos iluminadores –una visión para una re-visión del barroco. (1999: 7; mi traducción)[4]

---

una parábola. Gracias a la ayuda de este ejemplo, se ve claramente que no existe una trayectoria independiente, sino una trayectoria en relación a un cuerpo de referencia en particular» (en Danielson 2000: 357-358; mi traducción). Según la proposición central de la teoría especial de la relatividad no existe un único sistema de coordenadas que sea especialmente favorecido; y ese es el secreto que Yu Tsun descubre, hiperbólicamente multiplicado, luego de bajarse del tren en el andén de la estación de Ashgrove, y recorrer el camino de laberínticas bifurcaciones que lo conduce hacia el húmedo jardín chino que rodea el Pabellón donde el sinólogo Stephen Albert custodia, con fruición, el libro infinito de Ts'ui Pên.

[4] La siguiente cita, profundiza sobre esta relación entre el historicismo prepóstero y la estética barroca: «Propongo que una revisión histórica auto-consciente del barroco como una época histórica en la cual prevaleció un estilo en particular y un conjunto de motivos y figuras que llegaron a representar una estética en particular, reconocerá que la "cosa" que "vemos" como un objeto histórico remoto está moldeada dentro de nuestro presente ser. Esto no quiere decir que no existió en el pasado. Pero, para usar una metáfora conceptual barroca, ella sólo llegó a nacer; o mejor, a ser iluminada, a ser visible para nosotros a través de nuestro

Mieke Bal admite que su noción de «historia prepóstera» se inspira en el artículo «Preposterous Events» de Patricia Parker (1992), donde se reflexiona sobre la coincidencia de estructuras secuenciales y disrupciones *contra-natura* en varias obras de Shakespeare[5]. De todos modos, la idea de la preposteridad aplicada al tráfico de las influencias estéticas ya había sido explorada por Borges en *Kafka y sus precursores* (1951):

> cada escritor crea sus precursores. Su labor modifica nuestra concepción del pasado, como ha de modificar el futuro. En esta correlación nada importa la identidad o la pluralidad de los hombres. (1974: 712)

---

punto de vista, que asu vez esta moldeado en ella, replegado en su interior» (Bal, 1999: 27; mi traducción).

[5] Las obras de Shakespeare evocan «un conjunto de contextos de los siglos XVI y temprano XVII en los cuales lo "prepóstero" funciona como una marca de la disrupción de órdenes basados en linealidad, secuancia y lugar» (Parker 1992: 188; mi traducción). Entre otras obras del canon shakespeareano, Parker presta atención a pasajes de *The Winter's Tale, Love's Labor's Lost, The Taming of the Shrew, Hamlet* y *Othello*, y explora la conexión entre la aversión del neoclasicismo renacentista a la inversión (gramatical, retórica, sexual o doméstica) implicada en el término «prepóstero», y las obras de Shakespeare que a la vez que perpetúan estructuras secuenciales (por ejemplo: orden social, jerarquías de poder), subvierten toda secuencia apropiada y todo orden natural: «Leer cuidadosamente a Shakespeare en este sentido implica también leerlo políticamente e incluir dentro de cualquier concepción de un Shakespeare político, una conciencia del lenguaje que pone en escena este orden a la vez que, subversivamente, lo desmantela» (Parker 1992: 213; mi traducción). En el caso español, la aversión neoclasicista a la inversión prepóstera queda ilustrada en la prescripción de linealidad impuesta por Gonzalo Correas en su *Arte de la lengua española castellana*: «I quanto la orazion fuere guardando la dicha orden natural ira mas clara, propia, dulze, I grave. […] No entendiendo esto algunos modernos poetas, i a su parezer cortesanos criticos, enrredan de manera su lenguaxe y conzertos, que hablan en xerigonza, i huien de hablar Castellano claro i bueno, sino bastardeado con un poco de Latin o Italiano que saben. La lengua para que es sino para darse a entender, i declararse?» (en Rodríguez Garrido 1988: 134).

A su vez, Borges refiere esta idea al ensayo de T. S. Eliot «Tradition and the Individual Talent», donde ya en 1917 se bosqueja la base de un historicismo prepóstero:

> lo que ocurre cuando una obra de arte es creada es algo que le ocurre simultáneamente a todas las obras de arte que le precedieron [...] Quien haya aceptado esta idea de orden [...] no le parecerá prepóstero que el pasado se vea alterado por el presente de la misma manera en que el presente es dirigido por el pasado. (1951: 25-26; mi traducción)

Un historicismo inspirado en la novela de Ts'ui Pên, sin embargo, trascendería la reversibilidad «pre-póstera» de la historia (el reordenamiento entre lo que precede y lo que prosigue) y explotaría la complejidad de divergencias, convergencias y coalescencias de infinitos tiempos sucesivos, concurrentes y paralelos. Este modelo, quizá más afín al *sistema complejo* que origina la continua y perpetua relectura y reescritura de las producciones artísticas, resultaría en una historia librada no sólo a la docilidad del *histerón proterón* (desorden de la lógica secuencial de la frase) sino además al vértigo pluridireccional y pluridimensional del hipérbaton (trastrocamiento de los elementos fuera de toda proximidad inmediata)[6]. Aunque este historicismo hiperbático sugiera un laberinto de centro perpetuamente desplazado, podrá encontrarse en este proyecto una coherencia que lo sustenta;

---

[6] Quintiliano, entre otros retóricos, describe cuatro categorías de modificaciones discursivas (*quadripartita ratio*): *adiectio, detractio, immutatio, transmutatio*. Pero mientras las tres primeras modificaciones sólo implican una adición o sustracción de elementos al conjunto, el tipo de modificación que involucra la *transmutatio* supone una transgresión estructural, un trastocamiento interno al conjunto. El hipérbaton, que constituye la variante más compleja de la *transmutatio*, se refiere a un tipo de trastocamiento a distancia, es decir, no sólo una inversión del orden normal de dos palabras inmediatamente sucesivas, como en la anástrofe, sino una transposición de los elementos fuera de toda proximidad inmediata.

se trata, como decía Mieke Bal, de buscar *incertidumbres productivas y centelleos iluminadores*.

Esta búsqueda se inspira en motivos icónicamente barrocos que pueden ser concebidos como modelos alegóricos del desplazamiento y la indeterminación: el laberinto, la espuma y el pliegue; motivos que quedan ellos mismos enmarañados, por la tendencia barroca a «encrespar» temas y argumentos, pero sobre todo vinculados a la pregunta filosófica primordial del barroco sobre la naturaleza del *continuum*. Por un lado, el laberinto: metáfora del peregrinaje epistemológico que describe, para Leibniz, la inextricable paradoja de la división infinita del espacio y del tiempo[7]. Por otro lado, la espuma; *Leitmotiv* de las *Soledades* gongorinas, cuya proliferación cavernosa sugiere además la regresión fractal comprendida en la matemática infinitesimal[8]. Y finalmente, la imagen del pliegue, el *continuum*

---

[7] El problema del *continuum* apunta a resolver la paradoja que implica dividir la extensión (tiempo o espacio) *ad infinitum*. Este problema, abordado por Leibniz como crítica al mecanicismo cartesiano que conducía a dificultades para resolver el problema filosófico de la unión de cuerpo y alma, contempla la relación entre las ciencias naturales y la metafísica. Una referencia completa a la metáfora del laberinto en Leibniz puede encontrarse en *Leibniz's Metaphysics* de Catherine Wilson. De allí extraigo la siguiente cita de *Preceptos para avanzar las ciencias y las artes*: «La raza humana se me hace comparable a un grupo de personas que deambulan confusos en las sombras sin un guía o un orden, sin palabras u otros signos que dirijan sus movimientos... No existe persona mortal capaz de encender la antorcha que pueda disipar esta oscuridad» (1989: 7; mi traducción). Sin embargo, Leibniz se presenta como el portador de la tal antorcha, como el poseedor del hilo de Ariadna. Leibniz continúa así una larga tradición de autores que equiparan el proyecto epistemológico con el de Teseo; entre ellos, Catherine Wilson cita a Bacon, Galileo Galilei, Comenius, Harvey y Descartes.

[8] La apreciación de la espumosidad del blanco en Zurbarán o Velázquez se la debo a Mieke Bal, quien apunta en una perceptiva nota: «Zurbarán, por ejemplo, y Velázquez, y tal vez los pintores barrocos españoles en general, recurren a un blanco más exuberante y "espumoso" que el de Caravaggio. Sin hablar del mármol blanco utilizado en la escultura, cuya espuma Bernini "multiplicó" y engrandeció

11. Hipérbaton. El mundo como sintaxis

Gian Lorenzo Bernini (1671-1674), *Estasi della beata Ludovica Albertoni*.

transitable entre lo presente y lo ausente (entre el presente y el pasado), aportada por la relectura que hace Gilles Deleuze de Leibniz y que

---

en pliegues como, por ejemplo, en sus trabajos más eróticos, entre los que se cuenta La bendita Ludovica Albertoni de 1671» (Bal 1999: 45; mi traducción). Con respecto a la conexión aparentemente caprichosa entre la matemática fractal y el cálculo infinitesimal existe al menos un sentido en que puede sustentarse. Leibniz concibe el cálculo infinitesimal por aplicación del principio de la continuidad entre lo real y lo ideal: entre el punto, la curva y la recta hay un tránsito continuo. La recta es una curva de radio infinito, el punto una circunferencia de radio infinitamente pequeño que contiene, en germen, todo círculo posible. Y es en este sentido que sus ideas encauzan con la geometría fractal de Benoît Mandelbrot. Mandelbrot derivó el término «fractal» del latín «frangere», refiriéndose a una matemática basada no en la unidad sino en la fracción. El infinito, que es implícito e invisible en las computaciones del cálculo, se explicita de manera gráfica en los objetos fractales, en los cuales también puede manifestarse, como se ve en la ilustración que sigue, un grado de erotismo y sensualidad. El concepto de lo fractal ilustra además el otro *topos* barroco por excelencia del *theatrum mundi*, el mundo dentro del mundo.

ahora confiere sugestivas proyecciones posmodernas a las superficies inagotablemente replegadas de las telas de Caravaggio o los mármoles de Bernini[9].

Inspirado en estas alegorías del desplazamiento y la indeterminación, ensayaré aquí aberraciones prepósteras, pero también espejismos mutuamente deformantes, derivaciones y tergiversaciones ucrónicas entre el barroco español del temprano siglo XVII y la nueva narrativa latinoamericana de los años cuarenta; y más específicamente entre ese laberinto posmoderno de «El jardín de senderos que se bifurcan» y el laberinto barroco por antonomasia que constituyen las *Soledades* de Góngora. Dos experimentos aparentemente antitéticos pero comparablemente transgresores del tema clásico del *locus amoenus*: el Pabellón de la Límpida Soledad (erguido «en el centro de un jardín tal vez intrincado») desde donde Ts'ui Pên compone su laberinto de símbolos; y los jardines multiplicados (por el agua espumosa, atomizada en cristales espejeantes) por los que transita confusamente el peregrino desamparado de las *Soledades* gongorinas.

En síntesis, los ecos entre la distorsión barroca y neobarroca recorrerán en este capítulo la lógica subversiva y desconcertante del hipérbaton como traducción al nivel de la sintaxis de otro laberinto desconcertante: el mundo. Exploraré así las conexiones que hacen a la obra de Góngora y a la de Borges cómplices de una fantasía epistemológica que podría ayudarnos a precisar los diferentes sentidos en que puede definirse la distorsión de la modernidad.

---

[9] En *The Fold*, Gilles Deleuze explica el Barroco en términos de la Monadología leibniziana. Sirva la siguiente cita para mencionar una instancia representativa de dicho texto: «La contribución barroca por excelencia es un mundo con sólo dos pisos, separados por un pliegue que es un eco de sí mismo [...] Expresa la transformación del cosmos en un "mundus"» (1993: 29; mi traducción).

La abducción: secuestro de la realidad

El historicismo hiperbático aquí propuesto, enfoque propicio para un estudio sobre la *distorsión*, probará aquí su pertinencia no solamente al nivel de la lógica no-secuencial de las influencias y reflujos temporales, sino también al nivel del fluido salto interdisciplinario. Pues también recorreré en este capítulo un circuito hiperbático que traspone y reorganiza las fronteras entre el método hipotético que rige la práctica científica, el espíritu conjetural de la ficción y los tanteos del pensamiento crítico: entre cosmologías, cosmogonías y cosmopoéticas.

En *Touches of Sweet Harmony*, S. K. Heninger analiza la cosmología pitagórica que subyace a la poética renacentista como si se tratara de una «matriz de ideas sobre la cual la trama puede formular su aserción temática» (1974: 5). La tesis central de Heninger no es tan interesante como la premisa que la sustenta. Pues si bien es casi una convención proponer que el renacimiento desarrolló una estética concebida en términos del cosmos ordenado de la filosofía pitagórica, resulta más arriesgado asumir, como lo hace, que el objeto principal del arte, al igual que el de la cosmología, consiste en «designar los ingredientes intrínsecos de la realidad y definir sus interrelaciones» (1974: 7)[10]:

---

[10] La tradición de esa estética pitagórica, señala Heninger, «puede ser rastreada a través de los pitagóricos florentinos a San Agustín y, eventualmente, hasta la doctrina pitagórica registrada en el *Timeo* de Platón» (1974: 6; mi traducción). Heninger remite la premisa de su tesis, que conecta el arte con la cosmología, al texto *Defense of Poetry* de Philip Sidney, donde se lee: «No hay Arte otorgado a la humanidad que no tenga como su principal objetivo las obras de la Naturaleza» (en Heninger 1974: 7; mi traducción). Debo transcribir aquí también, sin embargo, la nota explicativa de Heninger a la noción de arte de Sidney, la cual, utilizada en su sentido literal «incluye astronomía, geometría, aritmética, música, filosofía moral y natural, leyes, historia, gramática, retórica, medicina, metafísica –y también, por supuesto, poesía» (1974: 18; mi traducción).

> Una obra de arte presupone ciertas interrelaciones (o la falta de ellas) entre elementos dentro de las coordenadas del espacio y el tiempo. Siempre presupone una cosmología. […] Una obra de arte, de hecho, es el intento de un individuo […] dentro de las limitaciones impuestas por el artefacto mismo, de reproducir el contenido y la forma del universo tal como lo percibe. (1974: 8; mi traducción)

Tal es el caso que ilustra la novela de Ts'ui Pên al nivel de la inextricable organización narrativa como reflejo de un universo infinito y caótico; y tal el caso del cuento de Borges que contiene a la novela de Ts'ui Pên, estructurado en forma de hipótesis autoexcluyentes como reflejo de la indecibilidad última del universo.

En la medida en que las obras de arte pueden verse como hipótesis acerca de la constitución (o inconstitución) última del universo, y las elecciones que las configuran como signos y resultados de esa cosmovisión, se podría recurrir al concepto de la *abducción*, acuñado por C. S. Peirce, como un marco desde donde abordar las afinidades compartidas por la práctica científica y la creación artística. De hecho, la abducción, que comprende «todas las operaciones por medio de las cuales se originan las teorías y las concepciones», puede ofrecer un punto de vista revelador sobre las relaciones establecidas entre el universo que imagina Borges en el «Jardín de senderos que se bifurcan» y esa «aserción temática» de tiempos infinitamente bifurcados que propone. Por otro lado, nos permite formular la pregunta aun más compleja en relación a *Las Soledades*: ¿cuál es la cosmología de la cual la disposición exacerbadamente hiperbática de ese texto es signo y resultado?

Si bien Peirce concibe la abducción (regida a la vez por la intuición y por los mecanismos de inferencia) como la formación creativa de una hipótesis, ella constituye el primer paso en las etapas de razonamiento lógico que conducen hacia una comprensión de la estructura categorial de la realidad. En otras palabras, para Peirce, el objeto de la creatividad científica es la verdad. Sin embargo, sería ventajoso despojarse del matiz *cientista* que la abducción asume en Peirce si se pretende enfatizar el carácter provisional y poético de toda operación conjetural[11].

En *The Poetic Structure of the World*, Fernand Hallyn estudia la abducción desde una perspectiva poética que no llega a identificar, como aquí se pretende, el proyecto poético con el epistemológico. Hallyn se concentra en las afinidades que conectan elecciones expresivas con creatividad científica: «Una hipótesis, cuando aparece en escena y todavía no es nada sino sólo una hipótesis, ni verdadera ni falsa, ella emerge del ámbito de lo posible» (1990: 13)[12]. Pero siguiendo a Peirce, para quien en un momento dado el «peligro y riesgo» de la abducción puede derivar en la verdad positiva validada por el examen empírico, Hallyn distingue entre el momento previo de lo posible y la consolidación posterior de una hipótesis. Es decir, el momento en que, según Hallyn, la poética da lugar a la epistemología.

---

[11] Para un examen detallado de la evolución del concepto de *abducción* en Peirce y la compleja dialéctica que se juega, a lo largo de esta evolución, entre la inferencia lógica y la intuición epifánica puede consultarse el capítulo 2 de *Creativity and the Philosophy in S.C. Peirce* de Douglas Anderson (1987: 12-53). El tercer capítulo desarrolla el postulado central del libro, basado en explorar las similitudes y diferencias que el «sistema» de Peirce encontraría entre la creatividad científica y la artística.

[12] La definición del método hipotético ofrecida por Carl Hempel pone de relieve esta naturaleza provisoria y ficticia de la *abducción*: «Cuáles sean los datos en particular que son razonables recoger no es determinado por el problema bajo investigación, sino por la respuesta tentativa a dicho problema que el investigador tantea en la forma de una conjetura o hipótesis […] Así, los "hechos" empíricos o los descubrimientos pueden ser calificados como lógicamente relevantes o irrelevantes sólo en referencia a una hipótesis dada; pero no en referencia a un problema dado» (1966: 12; mi traducción). A pesar de su aparente relativismo, Carl Hempel inscribe este análisis de la arbitrariedad del método hipotético en la línea lógico-positivista de la validación objetiva de las conjeturas, «que incluyen en particular el control de las implicaciones apropiadas de un testeo por medio de cuidadosos experimentos u observaciones» (1966: 16; mi traducción).

El concepto mismo de verdad no se presenta en estas teorías de la conjetura (Peirce, Hempel, Hallyn) como un problema en sí mismo. De hecho el idealismo subyacente conduce a una asimilación de las nociones de «verdad» y «realidad». Propongo también aquí suspender el problema de la verdad, pero suponiendo la noción opuesta: no sólo rechazar una trayectoria desde la poética hacia la epistemología, sino concebir además toda epistemología en términos de una poética. Desde esta perspectiva, que podría calificarse de *poetismo*, la idea de abducción (*ab-ducere*) remitiría no a la acepción positivista de capturar una idea con probabilidades de explicar la realidad, sino a su acepción más arbitraria y violenta de secuestrar la realidad, de *tomarla de rehén* en el tiempo y el espacio de una teoría[13].

La historia de la ciencia tal como la presenta Thomas Kuhn, como continuos desplazamientos de sistemas conceptuales inconmensurables (*la proliferación de articulaciones en competencia*), reafirma esta perspectiva no acumulativa del saber. Pues incluso después de su confirmación experimental, una hipótesis (geocentrismo, flogistón,

---

[13] La utilización de «fantasías epistemológicas» en el subtítulo de este trabajo para referirme a las «cosmologías» de la ficción en lugar de calificarlas inversamente como «epistemologías fantásticas» tiene su origen en esta premisa que equipara el trabajo conjetural de la ciencia con el de la ficción. Hablar de *epistemologías fantásticas* como el campo del «saber» de la ficción implicaría el reconocimiento de una epistemología de base, «testeable empíricamente», que la ficción desvirtúa. El concepto de «fantasías epistemológicas», en cambio, contempla las distorsiones conjeturales producidas en cualquier proyecto epistemológico por la «fascinación del objeto». Con un espíritu similar al de la *cosmopoética* aquí propuesta, Umberto Eco equipara, no ya la abducción científica y la poética, sino el mecanismo de la abducción científica y las conjeturas propuestas por la crítica literaria (o el trabajo interpretativo del detective). De hecho, en Eco, la propuesta de una epistemología general corta sagitalmente a través de conjeturas detectivescas, hipótesis científicas, sondeo filológico y diagnostico médico: «Creo que el mecanismo general de la abducción o la conjetura puede ser aclarado sólo si asumimos que tratamos universos como si fueran textos y textos como si fueran universos. Desde esta perspectiva la diferencia entre los dos tipos de abducción desaparece» (Eco 1983: 204-205; mi traducción).

atomismo) vuelve a ser una mera conjetura desde la perspectiva del paradigma subsiguiente:

> Los paradigmas proveen a los científicos no sólo de un mapa sino además de algunas de las instrucciones esenciales para crear un mapa. Al aprender un paradigma, el científico adquiere conjuntamente teoría, métodos y estándares, y en general en una mezcla inextricable. Por lo tanto, *cuando los paradigmas cambian, suelen haber cambios significativos en los criterios que determinan la legitimidad tanto de los problemas como de las soluciones propuestas.* (Kuhn 1970: 109; traducción y énfasis míos)[14]

Insistir hoy en esta variabilidad del pensamiento conjetural y de su objeto, ambos trepidando siempre al borde de la resignificación, podría considerarse innecesario; sin embargo, dicho postulado ocupará aquí un espacio privilegiado desde donde leer el barroquismo gongorino y borgeano en el contexto de la modernidad. Pues un tema central que problematizan las dos obras aquí estudiadas (el cuento en perpetuo estado de reescritura de Borges y el poema inconcluso de Góngora) es justamente el de esa dialéctica prepóstera cifrada, justamente, en la eterna renovación de la búsqueda y el descubrimiento, en la continua reconfiguración y variación de las perspectivas y los objetos del hallazgo[15].

---

[14] Thomas Kuhn alerta constantemente sobre el idealismo contra el que desarrolla su historicismo no acumulativo: «la visión de una ciencia-como-acumulación está imbricada con una epistemología dominante que entiende el conocimiento como una construcción emplazada directamente por la mente sobre los datos que aportan los sentidos» (1970: 96; mi traducción).

[15] En este sentido, véase la definición del método hipotético propuesta por Carl Hempel, donde se propone que la relevancia de los «hechos» siempre es *a posteriori*; es decir, las hipótesis no se derivan de los hechos, sino que, inversamente, sólo ciertos hechos se vuelven relevantes a la luz de una hipótesis ya existente. Esta dialéctica alcanza su formulación más arriesgada y paradójica en *Pierre Menard autor del Quijote*, donde el mismo texto (*El Quijote*) es presentado como dos obras

Por otro lado, la dialéctica siempre irresoluta del problema y la solución acerca no sólo la práctica científica a la ficción, sino también a las conjeturas de la crítica literaria. Sólo después de leer *El Castillo* de Kafka le ha interesado a Borges explorar y descubrir la dimensión onírica del recorrido infinitamente postergado en la paradoja de Zenón; sólo desde el simbolismo de Mallarmé pudieron lectores como Jorge Guillén o Alfonso Reyes aproximarse a la *logodedalia* gongorina como a una poética *absolutamente moderna* donde el mundo y el lenguaje coinciden como objetos de reflexión[16]. De igual manera, intentaré aquí iluminar aquellos contornos irónico-metafísicos de las *Soledades* que sólo se tornan visibles desde esa perpetua fluctuación epistemológica que define a la ironía borgeana.

---

no sólo disímiles sino además opuestas. Por ejemplo, una declaración que en el *Quijote* de Cervantes es leída como un elogio retórico de la historia («la verdad, cuya madre es la historia, émula del tiempo, depósito de las acciones, testigo de lo pasado, ejemplo y aviso de lo presente, advertencia de lo por venir») es releída en Menard como una deconstrucción preóstera: «Menard, contemporáneo de William James, no define la historia como indagación de la realidad sino como su origen. La verdad histórica para él no es lo que sucedió; es lo que juzgamos que sucedió» (1974: 449).

[16] Alfonso Reyes merece ser incluido junto a Eliot y a Borges, si se pretende trazar la evolución del enfoque prepóstero en la crítica literaria. Valga para ello la siguiente cita de *Cuestiones Gongorinas*: «En cuanto a los eruditos y profesionales de la historia literaria, siempre dados a figurarse que hay una solución de continuidad entre el pasado y el presente, ¿cómo pedirles que, junto al nombre de Góngora, recordaran el nombre de Mallarmé?» (1927: 254). Para un estudio sobre la recuperación de Góngora desde la estética simbolista puede consultarse también el exhaustivo ensayo de Andrés Sánchez Robayna «Un debate inconcluso (notas sobre Góngora y Mallarmé)» en *Tres estudios sobre Góngora* (1983), donde continúa el recorrido de esta fraternidad hasta la segunda mitad del siglo xx. El remate de este ensayo también amerita su inclusión en la tradición de la crítica prepóstera: «el lenguaje poético moderno [...] hizo posible la recuperación de la obra de Góngora y [...] está en la base de las obras de Ungaretti y Guillén. En ellos, la posteridad gongorina coincidió con la posteridad mallarmeana» (1983: 86).

II. Hipérbaton. El mundo como sintaxis

Las dos líneas narrativas principales de «El jardín de senderos que se bifurcan» ilustran esa inestabilidad epistemológica. El laberinto que todos buscan no está en el jardín sino en el libro. El nombre de Albert, que es la solución al acertijo propuesto a Alemania por Yu Tsun, es también presentado como el enigma irresoluble para Inglaterra:

> he comunicado a Berlín el secreto nombre de la ciudad que deben atacar. Ayer la bombardearon; lo leí en los mismos periódicos que propusieron a Inglaterra el enigma de que el sabio sinólogo Stephen Albert muriera asesinado por un desconocido, Yu Tsun. (1997: 117-118)

El simple hecho de que un acertijo sea resuelto por un espía mientras sigue siendo un enigma para un país entero no adquiriría mayor relevancia si la «aserción temática» del cuento no estuviera basada en una configuración de laberinto especular, según la cual los problemas y las soluciones (y las personas que los consideran) se multiplican *ad infinitum* por obra de una hipotética atomización temporo-espacial que admite y a la vez excluye todas las posibilidades.

Si bien Albert ha sido el único en resolver el enigma de Ts'ui Pên, incluso esa solución (la novela debe ser leída como un laberinto temporal) es socavada por la lógica de bifurcaciones paralelas y contradictorias que presupone. Esa hipótesis de la pluralidad de mundos (que se cierne, por contaminación temática, sobre los personajes del cuento, sobre el cuento mismo y sobre nuestra propia realidad) es válida y falsa simultáneamente; pues requiere que, por fuerza, en esos otros mundos posibles, la novela de Ts'ui Pên consista, también, en un acervo de borradores contradictorios sin redención posible, y el Pabellón de la Límpida Soledad también pueda ser considerado un laberinto que algunos ya habrán encontrado y que otros continuarán rastreando eternamente:

> Esa trama de tiempos que se aproximan, se bifurcan, se cortan o que secularmente se ignoran, abarca *todas* las posibilidades. No existimos en

la mayoría de esos ejemplos; en algunos existe usted y no yo; en otros, yo, no usted; en otros, los dos. En este, que un favorable azar me depara, usted ha llegado a mi casa; en otro, usted, al atravesar el jardín, me ha encontrado muerto; en otro, yo digo estas mismas palabras, pero soy un error, un fantasma.

—En todos —articulé no sin un temblor— yo agradezco y venero su recreación del jardín de Ts'ui Pên.

—No en todos —murmuró con una sonrisa—. El tiempo se bifurca perpetuamente hacia innumerables futuros. En uno de ellos soy su enemigo. (1997: 116-7)

Los cuentos detectivescos de Borges, como «El jardín de senderos que se bifurcan», se revelan en realidad como cuentos delictivos en la medida en que se orientan más que a la solución del crimen, hacia la irónica proliferación de desorientaciones. En este sentido, Borges, replegado dentro de la tradición gongorina de la infinita fuga retórica, puede ser leído como el precursor de la literatura delictiva y Góngora como un imprevisto continuador. Las *Soledades* son mucho más que «un ágil rehuir la expresión directa, un encubrir aquello que quieren representar, velándolo detrás de toda clase de significados translaticios y de complicaciones verbales» (Menéndez Pidal 1966: 226). El recorrido propuesto al lector no es simplemente el del detective que debe eliminar suposiciones para revelar la esencia de un *caso* sino el del criminal cuya supervivencia está supeditada a su capacidad para multiplicar sospechas.

En su «Carta en respuesta a la que escribieron sobre las Soledades», considerada como el *Ars poetica* del gongorismo, dice Góngora: «el fin del entendimiento es hacer presa en verdades […] en tanto quedará más deleitado [el lector], cuanto obligándole a la especulación por la obscuridad de la obra fuera hallando debajo de las sombras de la obscuridad asimilaciones a su concepto» (en Menéndez Pidal 1966: 224). Si bien a primera vista pareciera que Góngora encontraba en la oscuridad un valor didáctico, centrado en el «deleite indagatorio», es posible también conjeturar que veía en ella una función estética orientada hacia el asombro de la capacidad especulativa. Y desde esa perspectiva Menéndez Pidal interpretó, con agudeza, el matiz indeterminado del concepto de «verdad» en Góngora:

> Lo nuevo en la mencionada declaración [consiste en] la obscuridad concebida como promotora de una actividad especulativa, por más que esta se refiera principalmente no a verdades del pensamiento (como las palabras de Góngora pudieran hacer creer) sino a verdades de la imaginación, ejercitándose sobre la mera comprensibilidad de la expresión poética. (1966: 225)

Ciertos ecos entre Góngora y Ts'ui Pên son ineludibles, pero desde este juego de fantasías delictivas puede establecerse otro pliegue revelador que envuelve y desenvuelve al novelista ficticio de Yunan y al histórico poeta cordobés[17]. Las *Soledades* de Góngora siempre se ha presentado como un poema que es, simultaneamente, un texto y un laberinto, pero en contraste con el libro de Ts'ui Pên, en las *Soledades* todos parecen haber encontrado el laberinto antes que el libro. Algunos, censuradores de la exasperación retórica y sintáctica, decidieron perderse en el laberinto (Juan de Jáuregui); otros, adalides de la *poesía pura*, resolvieron matar al Minotauro (Dámaso Alonso);

---

[17] Aunque aquí la comparación se establezca entre la obra de Borges y la de Góngora, el juego de saltos de escalas propuestos por «El jardín de senderos que se bifurcan» hace que una comparación con Ts'ui Pên sea no sólo permisible sino además iluminadora. Ciertos ecos entre Góngora y Ts'ui Pên son ineludibles; por ejemplo, la fuga de Góngora hacia la soledad de su huerto cordobés, escapando de los desengaños de la Corte en Madrid en medio de una crisis espiritual, y la fuga de Ts'ui Pên en su jardín, desde Yunan. La construcción y retiro a un jardín privado frecuentemente evoca, en la cultura china, el orgullo herido ante la pérdida del favor dentro de la jerarquía imperial y la consecuente búsqueda espiritual en la línea del taoísmo o el budismo.

y todavía otros, estetas sensualistas como Alfonso Reyes u Orozco Díaz, accedieron a cohabitar con el monstruo en eterno incubinato. Abrigo la esperanza que las *Soledades* hayan sido escritas para la preposteridad y que la carta de Ts'ui Pên: «dejo a los varios porvenires (no a todos) mi jardín de senderos que se bifurcan» hubiera podido ser también escrita por Góngora. Así, con un espíritu afín al de Stephen Albert, espero conjeturar al menos una hipótesis desde donde poder finalmente descubrir el libro[18].

---

[18] La polémica en torno a las *Soledades* constituye un documento invalorable no sólo para estimar el alcance histórico de la revolución gongorina sino también para explorar la dialéctica prepóstera de la crítica literaria. Vale la pena referirse a *El antídoto contra la pestilente poesía de las* Soledades, *aplicado a su autor para defenderle de sí mismo*, escrito por Juan de Jáuregui (*circa* 1614), como manifestación de una lectura perdida en el laberinto que ve en las *Soledades* puros «laberintho[s], donde no ay oración que no se pueda entender lo de atrás adelante i lo de arriba avaxo» (Jáuregui 1960: 131). Entre los tantos improperios que lanza Jáuregui pueden citarse los siguientes: «¡y delante de Dios, que en muchas partes de esta Soledad me he visto atormentado el entendimiento, i aun no sé si las acabo de rastrear! (1960: 97); o: «Quien los lee [sus versos] siente en ellos gran dificultad […] porque allí no ay cuidado si la oración va recta o corcobada, si se entiende o dexa de entender, si las palabras son humildes o soberbias, vulgares o latinas, griegas o mahometanas. En fin, ¡maldita sea de Dios la ley a que Vm. se sujetó en el progreso de estas sus *Soledades*! (1960: 127). Dámaso Alonso, vencedor del Minotauro escribió: «[Góngora] ¡qué iba a ser vago, qué iba a ser nebuloso! Ni tenía parangón posible con Mallarmé, ni con el impresionismo. Se correspondía, más bien, con un arte exacto, con un frenesí, digamos, alejador, desliador de la realidad (para volver a ella) por medio de poderosas imágenes, con el prurito de perfecciones y límites que acució primeramente a los jóvenes poetas de mil novecientos veintitantos» (1993: 311-312). Al final del artículo ya citado «De Góngora y de Mallarmé», Reyes admite su intimidad con el monstruo: «Se diría que ambos poetas van, en camino de depuración tenaz y gradual, recorriendo una ascención penosa […] Pero aunque el viajero va cada vez más alto por el mismo camino, ya pasó la etapa de la belleza general. Y hasta puede ser, si apura mucho, que llegue al monstruo. No por eso, en cierto sentido profundo y superior, ha progresado menos. Gran fábula para meditar la moraleja» (1927: 261).

La soledad del jardín

La asimilación de los jardines y los laberintos es un lugar común en el imaginario renacentista, y como señala Gerald Gillespie en *Garden and Labyrinth of Time*, ambos *topoi* han sido fuente de inspiración para artistas cuya imaginación enfrentaba los desafíos de una historia y un cosmos en pleno proceso de reconfiguración: testigos de un mundo cada vez más complejo debido, en gran medida, a su propia sed de exploración y descubrimiento[19]. Debería así entenderse en este contexto, y no como un mero capricho estilístico, que Góngora haya confiado la organización de los versos de las *Soledades* a la *silva*: una forma métrica abierta, voluble, serpenteante, cargada de divisiones estróficas impredecibles, cuyo desenfreno, oscuridad y desorden delatan su etimología selvática[20]. Tampoco sorprende, desde este punto

---

[19] Volviendo al tema de la relación indeterminada entre recursos retóricos y epistemologías; tanto el jardín como el laberinto demostraron ser igualmente adaptables a epistemologías incompatibles: «Si el jardín —como Bartlett Giamatti demonstró— ha sido de antiguo la imagen central tanto del espléndido orden de la creación como de su perdición, también el laberinto, desde un principio, sugirió tanto sentidos negativos como positivos de una búsqueda de conocimiento eficaz o de la salvación por medio de una confusion amenazadora o real» (Gillespie 1988: 298; mi traducción). Así, estos *topoi* pueden remitir tanto a una epistemología irónica como a una epistemología anagógica.

[20] Como era de esperar, Quintiliano condenó el desorden promovido por este género que luego, recuperado por el Renacimiento, es exacerbado en las Soledades al límite de sus posibilidades. Como escribe Dámaso Alonso en su *Poesía Española*: «Las *Soledades*, escritas en los sueltos, prolongables períodos de la silva, permitían todas las aventuras sintácticas, el enzarsarse de las voces, los esguinces, lazadas y arabescos» (1993: 317). El poeta Luis Rosales, por su parte, en su exquisito ensayo sobre las *Soledades*, también expresa esa consustanciación entre la imaginación gongorina y la forma métrica de la silva: «[La silva] se encoge o se dilata a nuestro antojo, para desarrollar un tema, un retrato, un paisaje o una figura de dicción. No se constriñe ni nos constriñe, es una forma poética en libertad. [...] Sólo desde la perspectiva de nuestros días [...] se puede comprender hasta qué punto era precisa la silva para dar a la imaginación de Góngora, a la

de vista, el carácter multiplicadamente peregrino del héroe de las *Soledades*: extranjero que recorre el paisaje, conducido por el azar, pero también peregrino textual, personaje que es a la vez protagonista y agente marginal del poema, además de ser espectador privilegiado de la construcción de un lenguaje esencialmente peregrino. Como dice Antonio Carreira: «su situación constituye el modo más marginal de ocupar el centro» (1995: 82)[21].

La naturaleza de las *Soledades,* aunque apunta a evocar la idea del mundo rústico, es estilizada hasta tal punto que ese protagonista anónimo la recorre como si se tratara de un jardín, y de hecho, en varias instancias del poema, el peregrino es presentado ante un vergel prístino de vides, olas que rompen contra las piedras, fuentes mecánicas, muros cubiertos de hojas, flores, yedras que se anudan a los chopos, aves, musas y sirenas que cantan. No hay lector de este poema que se haya podido abstraer a esa atención excesiva y artificiosa prestada a la variedad y fuerza de la naturaleza (una atención resumida en la imagen de la cornucopia), que más apunta al exceso que a la representación, más al artificio que a la naturaleza. Ese gesto abusivo fue bien descrito por Dámaso Alonso: «lo que Góngora nos da en las *Soledades* es una naturaleza llena de atuendo y de afeite, una naturaleza deformada. ¿En dónde pues su mérito? En lo llevado por el cabo, en lo radical y egregio de la deformación misma» (en el prólogo a las *Soledades*, 1927: 14). Pero esta estimación del mérito de las *Soledades* descansa en un paradigma mimético que termina obviando la verdadera revolución gongorina. Dicha revolución no

---

ilimitada e increíble imaginación poética de Góngora, su forma necesaria y connatural» (1971: 259). Miguel Gomes, en *Los géneros literarios en Hispanoamérica*, ofrece una rápida pero prolija viñeta de la evolución de este género desde Estacio hasta Andres Bello (1999: 43-46).

[21] Por otro lado, la desdibujada figura de este forastero se regodea, a lo largo del poema inconcluso, en todas las acepciones de la palabra *peregrino*: lejos de casa, el viaje, el naufragio, el extranjero, lo extraño, lo raro.

se cifra en la representación superestilizada de una naturaleza cuya legibilidad es transparente, sino en una teatralización estilística del problema mismo de su legibilidad.

Siguiendo aquella misma herencia interpretativa que ve en las *Soledades* una descripción distorsionada (Dámaso Alonso, Orozco Díaz, María Rosa Lida, incluso Gerald Gillespie)[22], Andrés Sánchez Robayna lee el poema a la luz de la metáfora atávica del *mundo como texto*; y recurre, para sustentar esta idea, a momentos en los cuales las metáforas son evidentemente grafológicas: el río como discurso, el territorio como mapa, el tejido como texto, el cielo como página, los vientos como anales. De esta manera, Robayna superpone el discurso de la escritura y el curso del mundo como si fueran, en Góngora, sistemas tan coherentes como intercambiables: «Todo es signo. Esta es, en verdad, una de las claves de la gnoseología gongorina. [...] La realidad aparece, incesantemente, como una metáfora de la escritura, como una analogía "absoluta" del acto de leer y escribir» (1983: 49). Pero si bien la correspondencia entre «texto» y «mundo» está en la base del poema (así como en el cuento de Borges), la ironía implícita en la exageración retórica y sintáctica amenaza la «trama» gnoseológica

---

[22] Para Orozco, que hace una lectura excluyentemente plástica del poema (como «una acumulación de cuadros»), el tema central de las *Soledades* es la descripción de la naturaleza: «La extraordinaria maestría técnica, la musicalidad del verso, los efectos visuales, lo artístico, en suma, envuelve, pero no ahoga la vida en la poesía de Góngora» (1969: 49). Para María Rosa Lida la intención de Góngora fue «valerse de un leve diseño narrativo sobre el cual bordar su suntuosa estilización del mundo material» (en Orozco 1969: 36). Por su parte, Gillespie, siguiendo el paradigma crítico de su generación, lee las *Soledades* como un reflejo textual del mundo, y puesto que el mundo es visto como un texto, el poema de Góngora surge como un contra-laberinto verbal. Según Gillespie, Góngora demuestra «cómo el lenguaje humano puede ser elevado a una plano de brillantez conceptual y verbal que rivaliza con las glorias de la naturaleza, por medio de una asombrosa complejidad hermética y sintáctica» (Gillespie 1988: 322).

pues atenta simultáneamente contra la estabilidad del texto y contra la cohesión del mundo[23].

El análisis superficial que hace Robayna de esta metáfora del *mundo como texto* en las *Soledades*, sumada a la herencia mimética de su enfoque, le impide abordar el problema clave de esta obra sobre la legibilidad del mundo. Para abordar ese problema epistemológico (que precede –o preside– a la cuestión representativa), habría que prestar atención no tanto al supuesto contenido que se oculta detrás de la *oscuridad*[24] sino, sobre todo, a la configuración formal del poema como reflejo de la cosmología que lo inspira y que proyecta. Para eso habría que leer las *Soledades* a la luz de una metáfora que aún no ha sido suficientemente explorada: la metáfora del *mundo como sintaxis*. Una metáfora inversa que apunta no a un mundo de significación inmutable sino a los mundos (y a los jardines) que resultan de la multiplicación de juegos combinatorios.

Durante la primera soledad, el peregrino observa el cuidado jardín en el que una boda se lleva a cabo:

> [...] el populoso
> Lugarillo, el serrano

---

[23] La descripción que ensaya Hallyn de la *ironía* (en contraste con la *anagogía*) como impulso epistemológico que precede a los esquemas representacionales de la ciencia puede servir como aproximación a la ironía de Góngora, como un impulso doblemente retórico y epistemológico: «A diferencia de otros tropos, la ironía es una figura de origen. Implica conciencia de la naturaleza tropológica de los tropos. [...] Requiere una posición crítica hacia el discurso y su relación con la realidad. Es sólo más tarde que se vuelve un tropo como los otros gracias, precisamente, a la conciencia del juego que es posible entre las palabras y las cosas» (Hallyn 1990: 22; mi traducción).

[24] Dámaso Alonso limita, a mi juicio, la lectura de las *Soledades* al entender la oscuridad como desafío a una transparencia que él presenta como no-problemática e inherente al mundo. Según Alonso, las *Soledades* están concebidas en «una lengua poética donde los designativos metafóricos están poniendo constantemente una barrera irreal entre la mente y el mismo objeto» (1927: 16).

Con su huesped, que admira cortesano
—a pesar del estambre y de la seda—
    el que tapiz frondoso
tejió de verdes hojas la arboleda,
y los que por las calles espaciosas
    fabrican arcos, rosas
oblicuos nuevos, pensiles jardines,
de tantos como víolas jazmines (1927: I, vv. 719-728)

Ya en esta descripción del jardín resaltan claramente los giros que definen la exagerada hipérbasis gongorina. El jardín es descrito por medio de inversiones que se transforman en hipérbatos, transposiciones a distancia que se acumulan y alcanzan a la estrofa entera, cláusulas dependientes que prolongan las transposiciones y paréntesis que suspenden las prolongaciones. García Salcedo Coronel, crítico contemporáneo a Góngora, supo apreciar tempranamente el valor expresivo que el hipérbaton adquiere en el caso de la estrofa recién citada: «parece que los mismos versos son las transposiciones de las voces, dicen lo entretexido de los árboles y forman los arcos que refiere estaban fabricados de rosas» (citado por Rodríguez Garrido 1988: 127). Ya en 1636, Salcedo Coronel apunta lúcidamente a ese carácter performativo del hipérbaton gongorino, que alcanza a todo el poema y que lo vuelve a asimilar al proyecto del texto-jardín/libro-laberinto de Ts'ui Pên, donde la narrativa construye la complejidad que expresa y cuya inextricable trama es reflejo de una complejidad externa al texto.

Sin embargo, la historia de la recepción de esta exagerada oscuridad sintáctica en la obra de Góngora es un caso más que confirma la naturaleza provisoria de la crítica literaria. La sensibilidad clásico-renacentista de principios del siglo XVII no podía aceptar la violencia que implicaba el hipérbaton exacerbado[25]. Años más tarde, Espinosa

---

[25] De hecho, el amigo de Góngora, Don Francisco de Córdova, Abad de Rute, contemporáneamente a la escritura de las *Soledades* le recrimina el uso exagerado del hipérbaton: «Pero no a de ser todo Hiperbatón, que será menester

Vredeman de Vries (1583), *Hortorum Viridariorumque Formae #21*

Medrano supo advertir en esa alteración un efecto rítmico que fue completamente soslayado durante el posterior neo-clasicismo de los siglos XVIII y XIX[26]. De hecho, durante esos doscientos años de *horror al barroco*, se desdeñó por completo el valor expresivo del hipérbaton gongorino, viéndose en él sólo la pretensión culteranista de inspiración latina. En el siglo XX, Dámaso Alonso reivindicó la eficacia estética de la extremada transposición gongorina expandiendo sus efectos a la flexibilidad que le ofrece a la lengua para hacer resaltar los diferentes valores (eufónicos, coloristas, semánticos) de los vocablos, del verso o de la estrofa: «lo prodigioso es que Góngora, en el hipérba-

---

meter la manga vn interprete, que a los oyentes i lectores declare el sentido de lo que queremos dezir, de otra suerte parecerán Bernardinas y así a mi juicio debe Vm. moderarse en él» (en Orozco Díaz 1969: 141).

[26] En su *Apologético a favor de don Luis de Góngora, príncipe de los poetas líricos de España*, publicado en 1662, Juan de Espinosa Medrano (el Lunarejo) defiende este valor expresivo del hipérbaton. Refiriéndose al tan comentado verso del *Polifemo* «cuanto las cumbres ásperas cabrío», el Lunarejo escribe: «En este verso [...] pudiera algún comentador decir que se expresaba la travesura de ese ganado [...], no sólo en la transposición, que aparta el *cuanto* del *cabrío*, porque de esta usa el poema aun cuando no hable de sujeto que salte, sino que aquella transposición, acompañada del ásperas, con su acento dactílico y despeñado, insinuaba el arrojo de las cabras...» (en Alonso 1993: 346).

ton, convierte nuestra molestia idiomática en materia estética: nuestra desazón la transforma en un elemento expresivo» (1993: 338)[27]. A esta histórica serie de variaciones interpretativas en torno a la función del hipérbaton gongorino me animo a añadir una función epistemológica: la capacidad de la dislocación y el reordenamiento sintáctico para evocar la naturaleza también relativa y translaticia de nuestras conjeturas acerca del universo.

Los oscuros versos recién citados podrían ser facilmente reordenados secuencialmente:

> [...] el serrano y su huesped llegan al populoso lugarillo y el huesped, cortesano, admira el tapiz que la arboleda tejió de hojas verdes –para envidia del estambre y de la seda– y también admira los tapices que por las calles espaciosas fabrican arcos y rosas: nuevos y oblicuos jardines colgantes con tantas violetas como jazmines.

Pero esta normalización en una secuencia lineal sólo hace más patente la arquitectura de encuentros y desencuentros, recogimientos, saltos y anticipaciones que asimilan la configuración sintáctica del poema al diseño de los jardines barrocos, dispuestos con alamedas de recorridos complejos, podas ornamentales, fuentes y cuadros repetidos, teatralidad y carácter de simulacro. Dicha arquitectura se advierte en la reproducción del jardín diseñado en 1583 por Vredeman de Vries (publicado en su *Hortorum Viridariorumque Formae*), y se sugiere también otros de sus diseños para un jardín laberinto[28].

---

[27] El análisis más pormenorizado del hipérbaton en Góngora lo ha hecho, por supuesto, Dámaso Alonso. Puede consultarse el capítulo dedicado exclusivamente al hipérbaton en *La lengua poética de Góngora* (1950), y la sección sobre el hipérbaton en *Poesía española: ensayos de métodos y límites estilísticos* (1950). Un estudio detallado del hipérbaton en Francisco de Medrano, también de Alonso, aparece en su obra *Vida y obra de Medrano* (1948).

[28] En el grabado aquí reproducido se reconoce el diseño geométrico en el estilo clásico (corintio). Si bien esta geometría de inspiración clásica desdice la relación

Existe, en todo caso, una diferencia significativa entre el laberinto que dibujan los hipérbatos acumulados de los versos citados y los jardines geométricos de de Vries; una diferencia que resume la brecha insoslayable entre el laberinto renacentista y el barroco. En los jardines de inspiración clásica de Vredeman de Vries, el recorrido, ya sea de curso único o plural, conduce hacia un centro (en este caso una fuente munífica) que en términos discursivos podría vincularse a un significado restringido. El laberinto gongorino, sin embargo, elude el centro, está diseñado no para albergar un Minotauro o una respuesta sino para que se pierda en una selva de preguntas quien se resuelva a penetrarlo. En términos del ex-céntrico espacio barroco urbano, Severo Sarduy señala una conexión similar entre configuración semántica y disposición espacial:

> El espacio urbano barroco, frase del descentramiento como repetición y ruptura, es también semántico, pero de manera negativa: no garantiza al hombre, al recibirlo en la sucesion y la monotonía, una inscripción simbólica, sino que al contrario, des-situándolo, haciéndolo bascular, privándolo de toda referencia a un significante autoritario y único, le señala su ausencia en ese orden que al mismo tiempo despliega, como uniformidad, la desposesión. (1974: 63)

El laberinto renacentista abandona la metáfora del recorrido iniciático del laberinto medieval (concebido como una alegoría del viaje o de la vida cristiana) para ser concebido como un desafío para la mente racional: como un acertijo a resolver[29]. También en este caso Góngora aprovecha otro *topos* (tema y topografía) renacentista para

---

aquí explorada entre la distorsión hiperbática y el jardín barroco, rescato al menos los complejos diseños laberínticos y la autonomía que de Vries buscó en el jardín.

[29] Esta actitud es la que lleva a Francis Bacon a referirse al método científico en un lenguaje de metáforas laberínticas: «un método ordenado correctamente que conduce por una ruta directa a través del bosque de la experiencia hacia las tierra abiertas de los axiomas» (en Wilson 1989: 8; mi traducción).

exacerbar su tendencia al punto límite de su más íntimo desconcierto. Pues el laberinto que se manifiesta en las *Soledades* se nos presenta como una «selva inconstante» donde el peregrinaje está destinado a errar entre la solución y la irresolución del acertijo; o más confusamente aún, destinado a persistir en la imposibilidad de distinguir entre uno u otro camino. Si bien las *Soledades* propone acertijos que se dejan descifrar, y Dámaso Alonso, siguiendo a Salcedo Coronel, ha sucumbido mejor y peor que nadie a esa tentación, las soluciones no logran resolverse en una respuesta unívoca.

Un ejemplo revelador lo ofrece el verso más visitado, habitado y comentado de las *Soledades*: «entre espinas crepúsculos pisando». ¿Cómo transitar el camino tortuoso que conecta las virtuales proyecciones poéticas derivadas de esa transposición y la aparente nitidez representativa que surge luego de la decodificación? Este verso aparece durante la primera aparición del peregrino, que coincide con el naufragio y que Góngora ubica, premeditadamente, en un espacio anfibio donde el horizonte se pluraliza, las montañas se licuifican, las olas se petrifican, la luz se desdora y las fronteras se confunden y se desdicen:

> No bien pues de su luz los horizontes
> –que hacían desigual, confusamente
> montes de agua y piélagos de montes–
>   desdorados los siente,
> cuando –entregado el mísero extranjero
> en lo que ya del mar redimió fiero–
> *entre espinas crepúsculos pisando*,
> riscos que aun igualara mal, volando
>   veloz, intrépida ala,
> –menos cansado que confuso– escala
> (1927: I, vv. 42,51)

Las espinas como elemento espacial/háptico y el crepúsculo como elemento temporal/visual pertenecen a dos dimensiones que sólo la acrobacia hiperbática puede enlazar, invitándonos a un peregrinaje sinestésico que rehuye toda normalización. El suspenso sintáctico y la indeterminación semántica de este verso reverbera amplificado en la experiencia virtualizante que constituye el poema en general. Si bien en el laberinto de las *Soledades* no hay un centro o una salida, tampoco hay caminos incorrectos o callejones sin salida[30].

Las correspondencias, examinadas más adelante, entre este tipo de recorrido barroco y la disposición del «jardín tal vez intrincado» de Ts'ui Pên subrayan esta misma característica en la jardinería china. De hecho, Osvald Siren en *Gardens of China* describe los senderos de los jardines chinos como caminos elaborados de los que, en vano, se busca una salida:

> Más allá de lo que se pudiera pensar de [estos caminos] se debe admitir que sus méritos o razón de ser, consisten mínimamente en ser líneas directas de comunicación. Sobre todas las cosas, uno no debe estar apurado cuando recorre uno de estos jardines; más bien debe ser visto como un tipo de territorio mágico de placer del cual uno busca una salida en vano. (1949: 10)[31]

---

[30] Si en el hipérbaton latino la conclusión semántica se hace esperar debido a la transposición de los elementos, en el hipérbaton gongorino muchas veces la espera continúa una vez alcanzado el periodo o la estrofa; y en esa espera también consiste la conclusión.

[31] Además de la asimetría, como rasgo esencial del jardín chino, los estudiosos como Siren han destacado, a su vez, la línea tortuosa y los cambios inesperados de perspectiva por corredores y pasajes. El crecimiento económico y el gran auge artístico que tuvo lugar durante la dinastía Ming coincidió con el desarrollo de diseños más complicados para los jardines, que debían crear, en sitios de escasa extensión, la ilusión de amplitud. Entre otras técnicas visuales se recurrió al reflejo del agua y los espejos, aperturas en las paredes para crear sensación de profundidad, segundos jardines escondidos, senderos intrincados y cubiertos que, en contraste con los caminos rectos y geométricos del jardín europeo, resultan

Según la lectura que propone Dámaso Alonso, ese inevitable verso de las *Soledades* describe al peregrino «caminando entre abrojos a la dudosa luz crepuscular» (1927: 136). Pero esta naturalización, a pesar de su lógica (o mejor, a causa de ella), constituye uno de los tantos ejemplos en los cuales la imposición secuencial, comunicativa, vacía prematuramente al verso (y al poema) de su potencial fuerza expresiva y su proyección cosmológica. Pues las dislocaciones y recombinaciones que constituyen las *Soledades* a nivel sintáctico pueden leerse, insisto, como una puesta en abismo de la naturaleza relativa y conjetural del universo que el poema proyecta y supone[32].

---

sinuosos y zigzagueantes. Dusan Pajin intenta articular la filosofía implícita en la estética de la jardinería china y establece la conexión entre el «jardín del erudito» (scholar garden) y el laberinto barroco: «Incapaz de estimar el tamaño "real" del jardín, el visitante tiene una sensación de espacio ilimitado y una serie innumerable de nuevas escenas posibles para las subsiguientes visitas. En los jardines europeos, durante los siglos XVI y XVII, esto se lograba por medio de diseños laberínticos. Estos diseños continuaban aplicando la simetría y la regularidad geométrica como rasgos fundamentales, pero introdujeron la sorpresa y la desorientación a través del laberinto, y el visitante tenía la sensación de estar perdido en el mundo de las "maravillas"» (Pajin 1995: en línea; mi traducción).

[32] A pesar del famoso escolio que, siguiendo los textos de Salcedo Coronel, Dámaso Alonso ha hecho de los oscuros sonetos gongorinos del *Polifemo* y las *Soledades*, él mismo reconoce (aunque en una nota a pie de página) que la normalización de las frases conspira contra el efecto buscado por el hipérbaton: «En realidad no ha ocurrido nada de eso [se refiere al desorden hiperbático], porque todo plasmó en la mente del poeta en el orden A D B E C, aunque este orden sea muy extraño para nuestros hábitos mentales e idiomáticos. La suposición de un orden anterior A B C D E no tiene más alcance que el de facilitar la explicación (1993: 339). Esta idea puede haber sido inspirada en el enfoque de Espinosa Medrano, para quien la poesía tiene un orden sintáctico propio: «En consecuencia, no tiene sentido hablar de alteración del orden sintáctico en poesía (hipérbaton), porque este nuevo orden le es natural» (en Garrido 1988: 135). Por otro lado, y a pesar de su enfoque científico hacia la crítica (como se demuestra aberrantemente en *Seis calas en la expresión literaria española*), hay que dar crédito a Dámaso Alonso por reconocer, al menos marginalmente, la naturaleza indeterminada del estilo gon-

Así, si bien las *Soledades* podrían leerse como reflejo superestilizado de este mundo, o como proyección retórica de un mundo autónomo, la interpretación prepóstera que inspira la ironía borgeana evade tanto la lectura figurativa como la puramente abstracta, y resalta, sin embargo, esa capacidad del poema para distorsionar al borde del sentido la ilusoria idea de legibilidad.

LA SINTAXIS ALUCINADA

Contemplada en el contexto del clima intelectual del siglo XVI y XVII, marcado por la experimentación conjetural, la subversión que implica el juego recombinatorio de las *Soledades* puede ser contrastada con el hipérbaton de dimensiones cósmicas que elabora Nicolás Copérnico en *De Revolutionibus*[33]. Pero en el caso de Copérnico, la audacia imaginativa implícita en el reordenamiento de la sintaxis ptolemaica no tenía como objeto exponer la naturaleza puramente conjetural del universo sino, por el contrario, llegar a una representación precisa del orden que rige su más íntima constitución. Las *Soledades*,

---

gorino: pues en su acumulación, superposición y entrecruzamiento, los recursos retóricos «multiplica[n] sus propias dificultades por las de todos los otros, dando al producto *un aspecto que no puede revelar el análisis pormenorizado de cada uno de los factores*» (1950: 201; énfasis mío). Vale la pena leer la elegante apreciación también dual que de este verso de «acierto múltiple» hace Luis Rosales (1971).

[33] El desafío al orden de la sintaxis ptolemaica revela su construcción hiperbática con sólo contraponer ambos sistemas: Sintaxis ptolemaica: *Tierra* | Luna | Mercurio | Venus | *Sol* | Marte | Jupiter | Saturno // Sintaxis copernicana: *Sol* | Mercurio | Venus | *Tierra* | Luna | Marte | Jupiter | Saturno. Sarduy interpreta la transposición copernicana como una metonimia, «un desplazamiento del centro de atención, un deslizamiento de la mirada hacia lo contiguo» (1974: 32). Entender esa perturbación como hipérbaton no sólo describe con mayor precisión la gramática del giro, sino que nos permite además ubicarla en el ámbito más general del «reordenamiento» que opera en el proceso de la abducción y que conecta a la hipótesis científica con las fantasías de la ficción.

a pesar de transcurrir sobre el escenario científicamente destituido de un universo aristotélico-ptolemaico[34], desafían los conceptos mismos de «representación precisa» y de «más íntima constitución», y, consecuentemente, el impulso anagógico (neoplatónico) que subyace a la cosmología copernicana. Ese desafío, cifrado en la dislocación del discurso (a veces al límite del anacoluto) y en la ruptura de la relación del discurso con la realidad, revela el impulso irónico que, por su parte, subyace a la cosmología gongorina.

Aunque apuntando hacia una lectura figurativa de las *Soledades*, Luis Rosales rescata, en su inspirado ensayo *La imaginación configurante*, la conexión entre el juego sintáctico y la naturaleza inherentemente «alucinatoria» del discurso y de la realidad:

> [Góngora] quiere crear una lengua poética distinta, apoyada en una sintaxis gramatical más parecida a la latina, pero apoyada también, no lo olvidemos, en una nueva sintaxis de la realidad, en la que todos los objetos pueden relacionarse de manera distinta a la usual. [...] *En rigor, la palabra de Góngora va a convertirse en una palabra alucinada por la imaginación y también una palabra alucinada por la nueva sintaxis*, y este carácter alucinatorio ha constituido durante varios siglos una de

---

[34] Versos que delatan un orden aristotélico-ptolemaico se encuentran a lo largo de ambas *Soledades*; valgan como ejemplo los citados a continuación: «Cruza el Trión más fijo el hemisferio» (1927: 69; se refiere a la estrella más fija de la constelación de la Osa Mayor); «Mas, ¡ay!, que *del ruido / de la sonante esfera,* (1927: 618/619; remite al ruido que hacen las esferas celestes cuando rozan unas con las otras); «para favorecer, no a dos supremos / de *los volubles polos* ciudadanos (1927: 660; se refiere a los polos girantes de la esfera celeste donde habitan las supremas deidades). Queda por investigar si la decisión de Góngora por localizar las *Soledades* en un universo pre-copernicano se debe a desconocimiento de la teoría heliocéntrica, a convicción personal en el paradigma aristotélico-ptolemaico o a cautela ante el aparato represor de la Iglesia, que para principios del siglo XVII empezaba a considerar seriamente las profundas implicaciones teológicas del copernicanismo.

las mayores dificultades para su comprensión. (Rosales 1971: 269-70; énfasis mío)

Este impulso de Góngora por construir una organización textual basada en una *imaginación configurante* encuentra ecos ineludibles en el lábil universo borgeano. Desde este punto de vista, la ficción borgeana (heredera de sus propios experimentos vanguardistas, y emblemática de la nueva narrativa de los cuarenta) se exhibe como medularmente hiperbática. La hipérbasis borgeana, sin embargo, no perturba la sintaxis gramatical, ni siquiera trastorna la sintaxis narrativa, como lo harían Rulfo o Carpentier; su *transmutatio* consiste en someter las estructuras categoriales de la realidad a un juego de intrépidas reconfiguraciones conjeturales[35]. La duplicación de la identidad («El tema del traidor y del héroe»), la inversión de la causa y el efecto («Tlön, Uqbar, Orbis Tertius»), la regresión fractal de la subjetividad («Las ruinas circulares»), la dilatación del tiempo («El milagro secreto»), o la contracción del espacio («El Aleph»), ilustran sólo algunas de esas reconfiguraciones. En «El jardín de senderos que se bifurcan», ejemplarmente, la multiplicación *ad infinitum* del continuo espacio-tiempo nos proyecta hacia infinitos universos, anacrónicos y contemporáneos, en los que todas las posibilidades se realizan en todas las combinaciones posibles. Parte de la ironía en Borges radica en que este hipérbaton categorial se expresa por medio de un lenguaje cuya elegante secuencialidad remite más a la rigurosidad ensayística del inglés que al desenfreno poético del español. De hecho, el relato principal que constituye el cuento es una declaración con visos legales, *dictada, releída y firmada* por un antiguo catedrático de inglés.

---

[35] El «hipérbaton narrativo» como marca de la Nueva Novela (Rulfo, Carpentier, Onetti), y como impronta que deja en todos los posteriores experimentos narrativos del *Boom* es un tema que excede el objeto del presente estudio.

En este cuento en particular, Borges se muestra consciente del salto cuántico que lo lleva de los ensayos retóricos de los veinte a la demiurgia literaria de los cuarenta, y así lo insinúa, irónicamente, por medio de una de las inferencias (más poética que deductiva) que conducen a Stephen Albert a resolver el acertijo de la novela de Ts'ui Pên: «No creo», dice Stephen Albert, «que [Ts'ui Pên] jugara ociosamente a las variaciones. No juzgo verosímil que sacrificara trece años a la infinita ejecución de un experimento retórico» (1997: 114).

En relación a las *Soledades*, Severo Sarduy sube la apuesta al ver el poema no sólo como un experimento retórico, sino que además ve en «toda figura retórica [...] un registro suprarretórico [...] una potencia poética al cuadrado» (1969: 56)[36]. Esta hipótesis contrasta con la definición, casualmente matemática, que ensaya Calvino sobre la escritura borgeana: «con Borges nace una literatura elevada al cuadrado y al mismo tiempo una literatura como extracción de la raíz cuadrada de sí misma» (1993: 244).

Esta observación de Calvino destaca la infinita regresión y propagación de los textos de Borges: desde y hacia otros textos; desde y

---

[36] La fuerza exponencial con que Sarduy describe el álgebra del trastocamiento gongorino transforma el hipérbaton clasicista de Garcilazo o Herrera en una figura supralúdica que evoca la naturaleza inestable y relativa de las palabras y las cosas. Sirva como ejemplo de ese discurso *suprarretórico* de Góngora (al que hace mención Sarduy), la cronografía que abre el poema. Para situar la acción en la primavera recurre Góngora a una figura de desplazamiento metafórico que conecta una estación del año con el Toro (animal), con un Dios mitológico y con la constelación de Tauro. Desde ese desplazamiento, los rayos del sol se confunden con los pelos del animal, y el cielo es un campo azul zafiro en que pace esa figura híbrida: «Era del año la estación florida / En que el mentido robador de Europa / –media luna las armas de su frente / y el Sol todos los rayos de su pelo–, / luciente honor del cielo, / en campos de zafiro pace estrellas» (1927: I, 1-6). En su tan citado prólogo de 1927 a las *Soledades*, Dámaso Alonso ya había señalado, en relación a la metáfora gongorina, ese carácter de construcción de segundo grado sobre los aciertos metafóricos de la tradición poética.

hacia otras infinitas bibliotecas. Pero se podría también entender esta exponencialidad en relación a la naturaleza performativa del hipérbaton gongorino. La capacidad de la sintaxis gongorina para proyectar su carácter conjetural al nivel temático se potencia y se ramifica en «El jardín de senderos que se bifurcan». Allí, la lógica del texto central (el laberinto de símbolos elaborado en un jardín *tal vez intrincado*) se precipita y desborda hacia las subsiguientes lógicas ficcionales y metaficcionales: de la cosmología que rige la novela de Ts'ui Pên al mundo de Yu Tsun, y del cuento de Borges a la realidad del lector, quien, al igual que los personajes, se encuentra repentinamente asediado (y refutado), por una miríada de realidades paralelas. Junto a Yu Tsun, también el lector podría admitir: «sentí a mi alrededor y en mi oscuro cuerpo una invisible, intangible pululación» (1997: 114). Este carácter transitivo que opera en «El jardín de senderos que se bifurcan» es tempranamente indicado, no sólo por la imagen de las bifurcaciones recursivas, sino además por la coincidencia del título de la novela de Ts'ui Pên con el del cuento de Borges; y queda gramaticalmente señalado en el salto ontológico que acomete Stephen Albert al interpolarse, a sí mismo y a Yu Tsun, dentro de la trama que sostiene a la novela de Ts'ui Pên:

> En la obra de Ts'ui Pên, todos los desenlaces ocurren […] Alguna vez los senderos de ese laberinto convergen; *por ejemplo, usted llega a esta casa, pero en uno de los pasados posibles usted es mi enemigo, en otro mi amigo.* (1997: 113; énfasis mío)

Borges hace ostensible la alucinada *ars combinatoria* del estilo gongorino no sólo por concebir una serie infinita de recombinaciones, sino, y sobre todo, por potenciar el carácter performativo de esta hiperbasis hacia todos los niveles que proyecta su ficción. En efecto, Yu Tsun imagina el laberinto de símbolos concebido por su bisabuelo en términos de estos saltos categoriales; como un laberinto que excede a la arquitectura y se transpone hacia la geografía, la historia e incluso la cosmología:

> Lo imaginé infinito, no ya de quioscos ochavados y de sendas que vuelven, sino de ríos y provincias y reinos... Pensé en un laberinto de laberintos, en un sinuoso laberinto creciente que abarcara el pasado y el porvenir y que implicara de algún modo los astros. (1997: 107)

Si bien Borges no intenta concretar aquella aspiración meta-estética de Lawrence Durrell, de escribir un libro que sea capaz de soñar, sí se propone, como Ts'ui Pên, elaborar con símbolos una cosmología hipotética cuyo arreglo alucinado nos secuestre como lo haría el persuasivo conjuro de un sueño. Así, ubicar la elaboración de la novela/laberinto de Ts'ui Pên (y el Pabellón donde habita Stephen Albert) en el ámbito de la jardinería china, lejos de responder a un afán exotista, revela una conciencia autorreflexiva sobre este juego de precipitaciones y desbordes entre estatutos ontológicos a través de los cuales se potencia la lógica hiperbática. Pues el jardín chino, asociado con el desorden combinatorio (la asimetría, el capricho, el azar), se propone simultáneamente como un estilizado microcosmos del mundo y como un escenario que convoca al mundo a representar su sorprendente coreografía[37].

En el artículo *Environmental Aesthetics and Chinese Gardens*, Dusan Pajin analiza este juego exponencial de escalas entre la miniatura y lo grandioso, entre lo cercano y lo lejano en el jardín chino, como reflejo de la creencia taoísta y budista en la relatividad de nues-

---

[37] Existe, por otra parte, un aspecto histórico de la tradición de la jardinería china (y su recepción en Inglaterra) que le aporta al cuento de Borges un elemento de mayor densidad referencial, además de su tono irónico. El estilo exótico e irregular del arte chino y en particular de la jardinería china atrajo el imaginario de ciertos creadores ingleses de jardines, quienes desde principios del siglo XVIII ya sentían agotados los recursos exageradamente geométricos y uniformes de sus diseños. Baltrusaitis traza un cuadro detallado de estas influencias en *Aberrations* (1989).

tras percepciones y en el carácter puramente mental de la realidad[38]. Estos saltos de escala se manifiestan ya sea por la irrupción de los bosques y las montañas hacia el interior del jardín o por la ilusión que crean los elementos internos del jardín como simulacros del paisaje exterior; particularmente las rocas erosionadas por el agua, que pueden ser vistas como montañas, pero también los arroyuelos que adquieren categoría de ríos, los estanques transformados en lagos y las pequeñas superficies de musgo en extensas llanuras[39].

CHINOISERIE LITERARIA

El tipo de jardín chino a que hace referencia el cuento de Borges no es el extravagante jardín imperial o el jardín monasterial, sino el llamado «jardín del erudito»: un jardín privado y pequeño consagrado a la contemplación para oficiales retirados, artistas o poetas. Casualmente, el jardín del célebre poeta Yuan Mei (1716-1798), de la dinastía Quing y contemporáneo a Ts'ui Pên, ofrece reveladoras correspondencias no sólo en relación a la escritura excéntrica del autor sino también en relación a su carácter performativo. Según Osvald Siren, en la época de Yuan Mei se comentaba que ese limitado pero

---

[38] No es casualidad, desde este punto de vista, que haya sido un «monje taoísta o budista» quien haya impedido que se destinara la novela de Ts'ui Pên al fuego y quien haya insistido en su publicación.

[39] Entre las estrategias favoritas en el diseño de los jardines chinos se encuentra la de «tomar una escena de prestado». Así, por ejemplo, un bosque o una montaña lejana quedan enmarcados por una apertura de manera que, vistos desde el interior, quedan incorporados al jardín, enriqueciéndolo como a una pintura. En relación al juego exponencial inverso escribe Shen Fu: «Esta es la forma de mostrar lo grande en lo pequeño: el muro de un exiguo jardín debe ser tortuoso y cubierto por verdes viñas, y grandes piedras decoradas con inscripciones pueden ser emplazadas contra ese muro. Entonces uno podrá abrir la ventana y, mientras mira hacia una pared de piedra, sentir que avizora un precipicio interminable» (en Pajin 1995; mi traducción).

ii. Hipérbaton. El mundo como sintaxis   125

El Jardín de la Armonía de Yuan Mei, adquirido en 1748 en Nanking. Reproducción tomada de *Harmony garden: the life, literary criticism, and poetry of Yuan Mei (1716-1798)*.

compendioso jardín, que el poeta renovaba año tras año (desde el día en que lo adquirió en 1748), tenía reminiscencias de su estilo más bien intrincado (1949: 8). Sus veinticuatro pabellones interconectados, las tortuosas rampas que recorrían el lago artificial, las retorcidas rocas, las réplicas en miniatura de monasterios, puentes y diques, y la obsesiva colección de espejos, evocaban la veta excéntrica de su poesía caracterizada por impredecibles agudezas conceptistas, imágenes grotescas e irregularidades métricas, entre otros tantos experimentos formales[40].

---

[40] Descripciones detalladas del jardín de Yuan Mei pueden encontrarse en la clásica biografía de Arthur Waley (1956) y en el ambicioso trabajo biográfico-crítico de J. D. Schmidt (2003). Parte de la contradicción que define la poética de Yuan Mei radica en que, a pesar de haber atacado la oscuridad retórica (la *alusión* en particular), su estética fue profundamente influenciada por los poetas excéntricos del siglo xvi y xvii, al punto que una parte importante de su poesía –y especialmente su célebre poema a las montañas de Guilin, considerado por Schmidt como «uno de los poemas sobre la naturaleza más extraños en toda la historia de la literatura china» (2003: 461)– se caracterizaba por este fuego de artificio tanto temático como formal. El poema a las montañas de Guilin, que lleva por título «Fui a una excursión con Jin Pei'en al Monasterio del Nido de la Nube donde contemplé las montañas de Guilin», puede ser considerado como el

Yuan Mei creía que «cualquiera que compone poesía sobre empinados y escabrosos paisajes no debería usar la forma regulada [de restricciones métricas]» (en Schmidt 2003: 509). Prefigurando al personaje de Borges, también podría haber sostenido que todo poeta excéntrico debe habitar un jardín intrincado. En todo caso, lo que se imita en el jardín chino no es un arreglo especial, sino un impulso que evoca la propia fuerza pulsátil de la Naturaleza. La estética del jardín chino no es figurativa, pero tampoco es abstracta. Justamente, Osvald Siren describe el jardín chino como obra de la imaginación creativa, que debe leerse más allá de la dicotomía de la figuración y la abstracción:

> [El jardín chino] no es una imitación directa de la Naturaleza, servilmente dependiente de tipos específicos de escenarios o motivos paisajísticos; tampoco es el resultado de una actividad abstracta y esquemática que violenta los elementos naturales de la composición. Mas bien, es una expresión de ideas y concepciones artísticas emergidas de una conexión íntima con la Naturaleza. (1949: 3)

Este mismo reparo podría sostenerse en relación a los jardines simbólicos de Góngora o de Borges, aunque teniendo en cuenta el efecto desestabilizador que la ironía opera en ellos. Para quien busca interpretaciones figurativas, «El jardín de senderos que se bifurcan» puede remitir a la simultaneidad de infinitas posibilidades que cohabitan en este mundo; para quien busca lecturas abstractas, el cuento puede leerse, en el marco del género fantástico, como construcción de mundos completamente ficticios. Las *Soledades* también podría leerse como descripción estilizada de la naturaleza o como una desme-

---

precursor de toda la poesía excéntrica de Yuan Mei, con su tendencia hacia versos heptasilábicos, con su extraña métrica que coincide con una dicción inusualmente dinámica y hasta violenta, conjuntamente con alusiones a extraños mitos de creación y a monstruos prehistóricos (Schmidt 2003: 461).

dida experimentación retórica. En ambos casos, sin embargo, las dos opciones interpretativas limitan el alcance expresivo de estas obras; pues el montaje prepóstero que ensayan las *Soledades* y «El jardín de senderos que se bifurcan» no describe el mundo, sino que explora su potencia irrefrenable y múltiple. De allí que el tema de la Cornucopia, *topos* central del barroco español, se presente a su vez como *Leitmotiv* de la escritura de Borges. Aunque en este caso, la Cornucopia exija ser identificada ya no con el cuerno mitológico de Amaltea, pletórica de flores y de frutas, sino con su inherente capacidad para evocar la abundancia de posibilidades. Si la imagen de la Cornucopia conecta a Góngora con Borges, lo hace, justamente, por esa capacidad de mostrarse también como Cornucopia de perpetuas e inconstantes hipótesis; como la Cornucopia conjetural que se proyecta hacia y desde el jardín, hacia y desde el universo.

iii. Anáfora.
Poética de la laceración

> Cada uno podría, leyendo sus cicatrices, escribir su arqueología, descifrar sus tatuajes en otra tinta azul.
>
> Severo Sarduy

> Lo que rescato de la vida de Loyola no son los peregrinajes de los santos, las visiones, las mortificaciones y las constituciones, sino solamente sus «hermosos ojos, siempre un poco cargados de lágrimas».
>
> Roland Barthes

Las fronteras de la piel

En los dos capítulos previos exploré dos instancias de la *distorsión* neobarroca que apuntan, respectivamente, hacia la indecibilidad última del universo sugerida por la metáfora exacerbada, y hacia la naturaleza relativa y conjetural del universo que convoca el hipérbaton extremado. La elección de estas dos instancias específicas podría insinuar, equivocadamente, que en esta sinuosa disquisición sobre las fantasías epistemológicas del neobarroco se identifica el objeto del conocimiento con el universo exterior. Sin embargo, un aspecto central de las fantasías epistemológicas del neobarroco ha sido, hasta aquí, deliberadamente soslayado: un aspecto conectado con la problemática del cuerpo y que proyecta la cuestión cognitiva hacia el universo interior. No se tratará en este capítulo acerca del Mundo que se extiende desde la frontera de la piel hacia el exterior, sino de ese otro Mundo que desde la piel se proyecta hacia la carne, los músculos, los tendones, las venas, la sangre y los huesos. Las fantasías epistemológicas conectadas con el cuerpo comienzan su aventura en esa frontera-epidermis, y necesariamente toda aventura que pretenda franquear los márgenes de la piel conlleva la promesa del dolor, o más aun la de la muerte: el tajo, la castración, el martirio, la flagelación religiosa, los excesos sádicos, la tortura, el asesinato[1]. Cortes estos que desafían no sólo la resistencia de nuestro pellejo, sino también la coherencia de la identidad, y en última instancia, la estabilidad del Mundo. En *The Body in Pain*, Elaine Scarry reconoce en el dolor el poder de terminar con todos los aspectos del Yo y del Mundo, y desde esa perspectiva equipara las experiencias del dolor y de la muerte:

> Que el dolor sea utilizado como un sustituto simbólico de la muerte en los ritos iniciáticos de tantas tribus, es sin duda atribuible a un reconocimiento intuitivo de los seres humanos de que el dolor es el equivalente en experiencia sentida a aquello que es imposible sentir en la muerte. [...] En cada una de estas instancias, los contenidos de la conciencia son destruidos. Ambas constituyen las más intensas formas de negación, las más puras expresiones de lo anti-humano, de la aniquilación, de la aversión total, aunque una es la ausencia y la otra una presencia sentida, una ocurre en el cese de la vida conciente, la otra expresándose en una sobrecarga grotesca. Sin tomar en cuenta, entonces, el contexto en el que ocurren, el dolor físico siempre imita a la muerte, y la imposición de dolor físico siempre es un simulacro de ejecución. (1985: 31; mi traducción)

---

[1] En «Bosquejo para una lectura erótica del *Cántico Espiritual* seguido de Imitación», Sarduy llama la atención sobre los versos iniciales del Cántico marcados por la herida («¿Adónde te escondiste, / amado, y me dejaste con gemido? / Como el ciervo huiste, / habiéndome herido; / salí tras ti, clamando, y eras ido»), y apunta: «Con esta ausencia hiriente comienza la singular aventura corporal del Cántico» (1999: 243).

Desde la perspectiva «dérmica» aquí propuesta en torno a las fantasías epistemológicas del barroco y el neobarroco, me acercaré a los *Ejercicios Espirituales* (1541) de San Ignacio de Loyola y a la novela *Cobra* (1972) de Severo Sarduy. A pesar de la distancia histórica que los separa y las profundas brechas ideológicas que se abren entre ellos (del sacrificio contrarreformista al sardónico sacrilegio posmoderno), es posible inventar entre estas obras un diálogo que las envuelva, que las ilumine mutuamente, en términos de las fantasías epistemológicas que proyectan sus respectivas concepciones del cuerpo. Si acaso es posible suscitar tal diálogo, este se urdirá con la esperanza de aportar, a la vez, aspectos reveladores sobre las contorsiones, espasmos y gestos transfigurados que presiden el largo y profundo quiebre de la modernidad.

CIEN PEDAZOS

Una sola y ya legendaria imagen fotográfica, tomada en 1905 por Georges Dumas durante el espectáculo público del *Leng T'tche*, la tortura china «de los cien pedazos», precipitó un diálogo que aún continúa sobre la relación entre el martirio y el éxtasis, el horror y la religión, el sacrificio y el erotismo. En la fotografía se ve a la víctima de múltiples y profundas mutilaciones. Su rostro, todavía vivo, exhibe, sin embargo, una expresión que podría interpretarse como simultáneamente horrorizada y embelesada: objeto de extremo sufrimiento e inefable transfiguración.

El primero en articular esa densidad simbólica en el gesto ambiguo del torturado fue Georges Bataille, quien en *Les Larmes d'Eros* comenta el impacto decisivo que esa imagen del dolor, a la vez extático e intolerable, tuvo en su vida[2]:

---

[2] De hecho, esa ambigüedad inspira y conforma muchos momentos de la filosofía de Bataille en torno al concepto del sacrificio, tal como se manifiesta

Ejecución de Fou-Tchou-Li, 1905.

Eso que yo había visto de repente y que me enfermó hasta la angustia –aunque a la vez me liberó– era la identidad de esos perfectos contrarios, oponiendo al éxtasis divino un horror extremo. […] La religión

---

en los escritos tempranos de 1927-1939 recolectados en *Visions of Excess* o en instancias de *La Litérature et le Mal* (1957). El ensayo «Sacrificial Mutilation and the Severed Ear of Vincent Van Gogh» constituye quizás el más elocuente y mejor ejemplo. La imagen del supliciado chino fue descubierta por Bataille en el *Tratado de Psicología* de Georges Dumas, de 1923. Y según explica el propio Bataille, «las fotografías fueron publicadas parcialmente por Dumas y Carpeaux. Carpeaux dice haber sido testigo de la tortura el 10 de abril de 1905. El 25 de Marzo de 1905, el «Cheng-Pao» publicó el siguiente decreto: 'la Princesa de Mongolia demanda que el mencionado Fou-Tchou-Li, culpable del asesinato del Príncipe Ao-Han-Ouan, sea quemado vivo, pero el Emperador encuentra esa tortura demasiado cruel y condena a Fou-Tchou-Li a la muerte por Leng-Tch'e (cortar en pedazos)'» (en Bataille 1985: 205; mi traducción). Bataille recuerda, sin embargo, que Dumas utilizó esa fotografía en el *Tratado* con el único propósito de ilustrar una manifestación de la «horripilación» o el fenómeno de «ponerse los pelos de punta/piel de gallina».

en su conjunto se fundó sobre el sacrificio. Pero sólo una desviación interminable ha permitido acceder al instante en el que, visiblemente, los contrarios parecen vinculados, en que el horror religioso [...] se conecta con el abismo del erotismo, con los últimos sollozos que sólo el erotismo ilumina. (1971: 121; mi traducción)

La carga simbólica de esta imagen fue reapropiada por Julio Cortazar en el capítulo 14 de *Rayuela* (1963), donde Wong, amigo de Oliveira, muestra una serie de fotos, como en un montaje acelerado (cortes exagerados), que documentan ese suplicio hasta el momento del tajo cúlmine de la castración, donde el torturado se metamorfosea en niña violada:

> en la séptima [foto] había salido un cuchillo decisivo porque la forma de los muslos ligeramente abiertos hacia fuera parecía cambiar, y acercándose bastante la foto a la cara se veía que el cambio no era en los muslos sino entre las ingles, en lugar de la mancha borrosa de la primera foto había como un agujero chorreado, una especie de sexo de niña violada de donde saltaba la sangre en hilos que resbalaban por los muslos. (1983: 72)

La fotografía reaparece también en la narración cíclica y especular de la novela *Farabeuf* de Salvador Elizondo (1965), donde el grado extremo de éxtasis que alcanza el supliciado amenaza toda *discreción* lingüística y narrativa basada en la diferencia y la identidad:

> *No alcanza la distancia que hay entre tú y yo para contener este grito diminuto de la muerte* [...] Excluyes la posibilidad de que ese hombre que pende mutilado de una estaca manchada con su sangre seas tú misma. ¿Acaso no había un enorme espejo allí, en aquel salón en el que decidiste entregarteme muerta? (1981: 138; énfasis mío)

En el ensayo «Del Yin al Yang», incluído en *Escrito sobre un cuerpo* (1968), Severo Sarduy se involucra en esta conversación que es inaugurada, como lo sugiere el comentario de Bataille, por la obra del Marqués de Sade, y enlaza los textos de Bataille, Cortazar y Elizondo. Ya se anticipa en ese ensayo, además, la poética de la metamorfosis y la laceración que inspira a la novela *Cobra* de Sarduy. Como se verá más adelante, el vínculo complejo entre el éxtasis religioso y el sadismo subyace a la fantasía epistemológica de objeto perpetuamente diferido, de ritual orgiástico en torno al vacío, que constituye la escritura proliferante y fulgorosa de *Cobra*.

Justamente allí, en *Cobra*, resurge la escena del *Leng T'tche*, transformada, a su vez, por todas aquellas reapropiaciones previas[3]. Cobra (y su doble Pup) se somete a la castración y a los cortes, sobre todo el cuerpo, practicados por el Dr. Katzob:

> Pup grita. Salpicaduras. Goterones de tinta espesa huyen hacia los bordes del cuerpo de Cobra. Relámpago. Rotura. Ramas rojas que bajan bifurcándose rápidas, por los dos lados de un triángulo –el vértice arrancado–, sobre la piel blanca de los muslos, por la superficie de níquel,

---

[3] En «Las metamorfosis del texto» (1976b), Emir Rodríguez Monegal ensaya un rastreo exhaustivo de estos palimpsestos narrativos que asoman en *Cobra*. Como cifra palimpséstica que se acumula sobre otros textos e intertextos y sobre otras imágenes, Sarduy entrecruza la fotografía del suplicado chino con las imágenes con que García Lorca describe el martirio de Santa Olalla en el romance histórico «Martirio de Santa Olalla», escrito entre 1924 y 1927. En el capítulo «A dios dedico este mambo», de *Cobra*, entre las muchas habilidades quirúrgicas del Dr. Katzob se cuenta la de hinchar en el pecho «dos turgencias nacaradas, remedos de las que en un plato ostenta Santa Olalla» (1981: 85). Como sugiere la lógica de conjunciones y disyunciones que vertebra los versos aquí transcriptos, Lorca se adelantó en cuarenta años al hallazgo de Bataille al describir en el suplicio de Santa Olalla una experiencia ambiguamente horripilante, sagrada y erótica: «El Cónsul pide bandeja / para los senos de Olalla. / Un chorro de venas verdes / le brota de la garganta. / Su sexo tiembla enredado / como un pájaro en las zarzas. / Por el suelo, ya sin norma, / brincan sus manos cortadas / que aún pueden cruzarse en tenue / oración decapitada. / Por los rojos agujeros / donde sus pechos estaban / se ven cielos diminutos / y arroyos de leche blanca» (1998: 86).

contorneando las caderas, entre el tronco y los brazos, encharcándose en las axilas, hilillos veloces sobre los hombros, empegotándole el pelo: dos chorros de sangre hasta el suelo. (1981: 115)

El suplicio de la tortura transforma a Cobra, el travesti pintarrajeado, en la *Dama de las Camelias*, en un *Cristo de mosaico*. Y el tormento que implica esa metamorfosis sólo puede manifestarse por medio de una exaltación que limita con la transfiguración. Así, la sangre que asoma entre los tajos operados sobre el rostro de Cobra se confunde con las lágrimas de la enajenación extática, que recuerda los ojos anegados de San Ignacio de Loyola:

De las pestañas, atravesándole los párpados superiores, las heridas horizontales de las cejas, surcadas de hilillos de sangre como labios rotos, rayándole verticalmente la frente, hasta los coágulos del pelo, le corrieron a Cobra dos lagrimones. (1981: 118)

En *Regarding the Pain of Others*, Susan Sontag remite la lectura que hace Bataille de la inquietante fotografía tomada por Dumas hasta el pensamiento religioso. Según Sontag, «se trata de una visión del sufrimiento, del dolor ajeno, que está enraizada en el pensamiento religioso, que conecta el dolor al sacrificio, el sacrificio con la exaltación» (2003: 98; mi traducción). Sin embargo, la conexión entre el éxtasis y el horror, entre la teofanía y el tormento, se produce en *Cobra* por el elemento ritual, repetitivo, por la teatralidad que expone el carácter meramente litúrgico (escritura, cita, plegaria, mantra) de una búsqueda que se reconoce esencialmente infructuosa y fantasmática. En *Escrito sobre un cuerpo*, por ejemplo, la repetición (en su doble sentido de ensayo teatral y de reiteración retórica), es presentada como marco del fetiche sádico, así como del ritual religioso:

El código preciso de la invocación, con sus exigencias de palabra y gesto no es más que la prescripción de las condiciones óptimas para que una presencia, la divina, venga a autentificar la intervención de los objetos, venga a encarnarse, a dar categoría de *ser* a lo que antes era sólo *cosa*. El código de la orgía, con sus acotaciones rigurosas, es la prescripción de las condiciones óptimas para que lo inalcanzable por definición, el fantasma erótico, venga a coincidir con la verdad física de los cuerpos y justificar con su presencia el despliegue de fuerzas y blasfemias.

Misa y orgía: ritos de iguales ambiciones, de iguales imposibles. (Sarduy 1999: 1.125)

El supliciado capturado por la cámara podría parecer involucrado en la contemplación de una dimensión divina, pero a la recuperación sarduyana de ese *tableau moribundo* «le interesa menos el aspecto "ideológico" de [la] pareja Sade-Bataille que la consecuencia literaria, o sea textual, de la misma relación» (Rodríguez Monegal 1976b: 52), y por eso transforma al alarido ambiguo del supliciado en una desdentada risa sardónica que se enfoca no en la presunta fusión religiosa con una presencia inasible sino, por el contrario, en el encuentro inevitable y retórico de la escritura con la escritura misma. Como perceptivamente señala Irlemar Chiampi en *Barroco y Modernidad*, «En *Cobra* los martirios de la carne son los del cuerpo sacrificial-gozante del travesti, que padece no ya las tensiones entre el mundo y la trascendencia, como el barroco, sino entre la copia y el original» (2000: 35).

El título del presente capítulo, «Anáfora», remite así no sólo a la repetición (*ana*: otra vez, *phero*: traer) en el nivel sintagmático que vertebra, por demás, sendas obras de Loyola y Sarduy[4], sino también a una dimensión paradigmática y teatral de repetición (ensayo, repro-

---

[4] Este nivel sintagmático de la anáfora no es el objeto particular de este estudio, pero valga señalar la estructura repetitiva (semanas, ejercicios, sugerencias, notas, etcétera) que sostiene los *Ejercicios* de Loyola por un lado (de hecho, la repetición es un elemento principal de la pedagogía ignaciana; véase Barthes 1976: 60), y la repetición de estructura dramática de los nombres de los perso-

ducción, sacramento, rito). Repetición: cita de escenarios y lenguajes. Como sugerí más arriba, el objeto del presente capítulo es inventar continuidades y discontinuidades entre las fantasías epistemológicas sugeridas en la escritura flagelante de los *Ejercicios Espirituales* y las suscitadas por las marcas sádicas inscriptas en el cuerpo de *Cobra* (tanto del texto como del personaje epónimo). Salvando estas distancias, sin embargo, tanto en *Cobra* como en los *Ejercicios* somos proyectados hacia una coreografía densamente estratificada que recurre al cuerpo, y en particular a la piel, como alegoría de una frontera cognitiva. En el caso de los *Ejercicios*, la frontera de la piel se abre como telón, y su mortificación es presentada como método dramático (de nuevo en ambos sentidos retóricos y teatrales de «método» y de «drama») para representar, a su vez, el desgarramiento de Cristo como es descrito por los evangelios. En el caso de *Cobra*, por otro lado, la piel se corta, se lacera, y los miembros se castran para descubrir que lo único que nos espera en el interior de ese escenario no es la representación del desgarro sino el reconocimiento desgarrado de que lo único representable es la representación. Lo que se repite en estos cuerpos torturados son los cortes, pero también las representaciones a que aluden: tanto el sacramento como el travestismo se sugieren como liturgias de representación destinadas a la perpetuación del desplazamiento.

Los tajos que Lucio Fontana practica, como latigazos sádicos, sobre la piel de sus lienzos (por ejemplo, en *Concetto Spaziale-Attese* –obra producida en la misma década que el diálogo Bataille-Cortazar-Marmori-Elizondo-Sarduy–); los tajos de Luicio Fontana, digo, pretenden despertar conciencia sobre la materialidad del escenario mismo de la representación pictórica. Este juego doblemente anafórico de laceración (sintagmática) y de teatralización (paradigmática),

---

najes (Tundra, Escorpion, Totem, Tigre) que preside, por ejemplo, la iniciación sadomasoquista de Cobra.

en el que el ámbito de la expresión remite al asombro o a la irrisión sobre su propia condición de posibilidad, recorre también, como una cicatriz todavía supurante, la superficie de estas páginas.

Los Ejercicios Corporales

El cuerpo constituye no sólo una referencia significativa sino además esencial en la práctica ascética. Como sostiene Scarry:

> La auto-flagelacón del asceta religioso, por ejemplo, no es (como suele afirmarse) un acto de negación del cuerpo, eliminando sus derechos a la atención, sino una manera de enfatizar el cuerpo a tal punto que los contenidos del mundo son cancelados y el camino queda libre hacia la entrada a una fuerza sin contenido, desmaterializada. Es en parte esta lógica que cancela el mundo y que abre caminos lo que explica la presencia obsesiva del dolor en los rituales de religiones ampliamente extendidas, así como las imágenes de intensas visiones privadas, y lo que parcialmente explica también por qué la crucifixión de Cristo se encuentra en el centro de la cristiandad [...], por qué, aunque ocurra en diferentes contextos y culturas, lo metafísico es continuamente asociado a los físico con la exclusión igualmente insistente del término medio: mundo. (1985: 34; mi traducción)[5]

Como se verá más adelante, sin embargo, en los *Ejercicios Espirituales* el término medio «mundo» resiste la exclusión a pesar de la

---

[5] En su «Bosquejo para una lectura erótica del Cántico Espiritual» y encauzando en esta veta general (aunque sin hacer la distinción entre ascetismo y misticismo que hace, por ejemplo, Stephen Gilman), Sarduy cita a François Wahl, quien recupera la inextricabilidad entre misticismo y cuerpo: «El místico desea, desea con intensidad. Y del deseo —en eso no hay misterio—, el cuerpo proporciona el lenguaje. [...] La autenticidad de su riesgo es que a cualquier nivel que desee, es el cuerpo entero lo que se pone en juego. [...] Satán no va más lejos, pidiendo a Fausto que arriesgue su alma: Dios arriesga en cada místico la entidad de su cuerpo» (en Sarduy 1999: 242).

violencia a que se somete el cuerpo[6]. Según el enfoque propuesto por Stephen Gilman, el ascetismo contrarreformista (como prefiguración del barroco), se caracteriza por la tensión exasperada entre lo mundanal y lo trascendental; pero en el caso de los *Ejercicios*, prestar atención al cuerpo, y a la piel que lo cubre, en términos de una frontera cognitiva, podría matizar las apreciaciones de Gilman. La elección del título es explicitada por Loyola como metáfora inspirada en los ejercicios físcos: «El nombre de ejercicios espirituales se inspira en la analogía que tiene con los corporales» (1991: 47)[7]. Pero lo corporal en los *Ejercicios* está cargado de una significación que trasciende el mero gesto retórico; el cuerpo es allí no sólo vehículo de imaginación por medio de los sentidos (visualización, audificación, olfatización,

---

[6] Quizá sea este el momento adecuado para hacer una distinción metodológica. Los *Ejercicios Espirituales* que recupero para este diálogo pueden diferir en aspectos importantes de los *Ejercicios Espirituales* tal como se los concibe históricamente en el marco de la Contrarreforma, como afirmación de un retorno consciente hacia el cristianismo dogmático y medieval impuesto por la iglesia católica luego del Concilio de Trento. Se inspira esta libertad interpretativa en la lectura liberadora que practica Roland Barthes sobre textos de Sade, Fourier y del mismo Loyola, intentando eludir el discurso moral impuesto a esas obras y trabajando exclusivamente sobre el lenguaje que las constituye. Como sostiene Barthes: «la intervención social de un texto (no necesariamente alcanzada en el momento en que el texto aparece) es medida no por la popularidad de su audiencia o por la fidelidad de las reflexiones socioeconómicas que contiene o proyecta para algunos pocos aunque entusiasmados sociólogos; sino por la violencia que le permite superar las leyes que una sociedad, una ideología, una filosofía establece para con sí misma con el objetivo de alcanzar acuerdos en una corriente continua de inteligibilidad histórica. Este exceso se llama: escritura» (1976: 10).

[7] Valga señalar, al menos como nota al pie, el carácter esencialmente anafórico de toda forma de calistenia. La cita completa continúa: «En efecto, así como a diversas formas de actividad corporal, como caminar, pasear, correr, las llamamos ejercicios corporales; así también damos el nombre de ejercicios espirituales a toda actividad que ayude a una persona a manejar sus repugnancias o atractivos desordenados con miras a que, liberada de su influjo, pueda buscar y hallar la voluntad de Dios...» (1991: 47).

degustación, y tactilización) y acceso físico, por medio de la penitencia, a la dimensión espiritual; sino además, y por sobre todas las cosas, eje dramático del deseo: el cuerpo en los *Ejercicios* es actor principal, escenario y audiencia. La referencia anterior al «método» en términos teatrales no es gratuita, pues repetidas instancias de los *Ejercicios*, en cuanto a la recreación de la vida de Cristo, remiten a la estrategia dramática de «memoria emotiva», elaborada por Konstantin Stanislavski[8]. Durante el primer día de la tercera semana, por ejemplo, el ejercicio no se limita a contemplar los pasos de la vida de Cristo; sino que además «mientras me levanto y me visto, [debo] tratar seriamente de entristecerme y dolerme por las muchas penas y dolores de Cristo» (1991: 129).

En *Sade/Fourier/Loyola*, Barthes rescata de los *Ejercicios* esa dimensión dramática en que la representación, evocada por medio de una disciplina mental, se imprime en el espacio «casi fisiológico» del cuerpo:

> [...] la fuerza de la materialidad [...] está, por supuesto en el cuerpo humano; un cuerpo incesantemente movilizado hacia la imagen gracias al juego de la imitación que establece una analogía literal entre la corporalidad del ejercitante y la de Cristo, cuya existencia, casi fisiológica, debe ser redescubierta por medio de la anamnesis personal. El cuerpo de Ignacio [de Loyola] nunca es conceptual: siempre es este cuerpo. (1976: 62; mi traducción)

Los *Ejercicios Espirituales* impulsan al devoto a identificarse íntimamente con el sufrimiento de Cristo, pero lo hacen por medio de una representación hiperrealista e hipersensorial de ese sufrimiento. La autoflagelación, en este contexto, sirve como otro gesto *anafórico*

---

[8] Aunque la noción acuñada por Stanislavski sea la de «sistema», su traducción norteamericana al «método» trae todavía reminiscencias más gráficas por su multiplicada representación cinematográfica.

para repetir y hacer coincidir, sobre los desgarros en la piel de Cristo, la piel lacerada del ejercitante. El desafío a la superficie de la piel por medio de «cilicios, sogas, [...] disciplinas o de cualquier otra manera» (1991: 80), nos permite, entre otros fines, «buscar y alcanzar algún don de la divina gracia que deseamos, como la contrición interna de los pecados, o la abundancia de lágrimas por los mismos o por los dolores o sufrimientos de Cristo en su pasión» (1991: 90)[9]. Así, en el caso del ascetismo ignaciano, la autoflagelación, si bien enfatiza el cuerpo, no cancela los contenidos del mundo, como propone Scarry; sino que por el contrario, favorece la ilusión de la recuperación total (hiperrealista) de los contenidos del mito cristiano. En Loyola, la coincidencia de la metafísica y lo físico no excluye al mundo sino que, inversamente, no podría ocurrir sin la manifestación penetrante de sus atributos. Siguiendo una interpretación similar a esta y sobre lo que Renan tildó de «crudeza nauseabunda» en Loyola, Roland Barthes rescata el «realismo devoto» de los *Ejercicios*, conducidos en términos de una improvisación controlada:

> ubicándose ante la Cruz (ubicando el cuerpo ante la Cruz) Loyola intenta ir más allá del significado de la imagen [...] hacia su referente, la Cruz material, esta cruz de madera cuyos atributos circunstanciales él intenta percibir por medio de los sentidos de la imaginación. (1976: 63)

Los *Ejercicios* favorecen la ilusión de la recuperación total no sólo en el plano ideal sino también en el de los atributos circunstanciales.

---

[9] Entre las sugerencia que Loyola anota con el objeto de «ayudar al ejercitante para hacer mejor los ejercicios y alcanzar más fácilmente lo que anda buscando», se expone la división entre penitencia externa y penitencia interna, que traza, tempranamente («primera semana»), una división tajante entre la superficie exterior y el espacio interior. La penitencia interna es *el dolor de los propios pecados con el propósito firme de no volver a cometer en adelante ninguno de ellos ni otro pecado alguno*. La penitencia externa es fruto de la interna y consiste en alguna forma de *castigo corporal como satisfacción por los pecados cometidos*.

Sin embargo, un reconocimiento del carácter ilusorio de ese proyecto persiste clandestinamente a lo largo del texto de Loyola, y en particular en dos dimensiones que ya han sido señaladas con anterioridad como prefiguraciones de la sensibilidad barroca; me refiero a la *tensión trágica* y a la teatralidad. Podría parecer precipitado no sólo sugerir anticipos barrocos sino además insinuaciones posmodernas en una obra de 1541, pero es en ese guiño involuntariamente irónico y autorreferencial donde es posible descubrir el gesto más original de esta obra *y* desde donde se torna admisible concebir un diálogo prepóstero entre Sarduy y Loyola.

Por *tensión trágica* me refiero al conflicto irresoluble, ya explorado por Gilman, entre la materialidad exacerbada del cuerpo y el absoluto ideal espiritual. Una tensión incrementada al punto de la ruptura en *Cobra* y cuya dimensión trágica termina por suscitar allí un contagioso *rictus* autoparódico. La *teatralidad*, por otro lado, remite a esa capacidad del lenguaje de Loyola, ya vislumbrada por Barthes, para pensarse a sí mismo, para escribir sobre sí mismo: rasgo que, a su vez, define por antonomasia al lenguaje de Sarduy y que alcanza en él progresiones de una autorreferencialidad (y autoconciencia) a tal punto vertiginosas que lindan con el vacío.

Tensión trágica

En la meditación sobre sus propios pecados, Loyola se describe «como una llaga o pústula hedionda de donde ha salido tanta ponzoña de maldad y tanta podredumbre de pecados» (1991: 80). Según Stephen Gilman, esta *negativización* del mundo, que recurre a metáforas excesivas de corrupción, caracteriza al ascetismo contrarreformista donde el cuerpo, presentado como materialidad hasta el punto de la morbosidad, entra en tensión con la dimensión ideal de los misterios cristianos. Este conflicto anticipa, según Gilman, la dualidad que distingue el sistema de valores que más tarde definiría al universo barroco; pues en este tipo de textos de instrucción religiosa se insinuó inicialmente la tensión entre el dogmatismo tridentino y el perspectivismo renacentista, entre los criterios de pureza y verdad y «mareas de imaginación y conflicto». Refiriéndose a *Los discursos de la paciencia cristiana* (1593) de Hernando de Zárate, Gilman escribe[10]:

> En lugar de la trascendencia lógica de los Neoescolásticos o el escape apasionado hacia el simbolismo de los místicos, casos ambos en los que se separa la realidad, como valor, de la experiencia, en Zárate aparece la dualidad saturante y trágica del barroco. Por esto no se quiere significar la presencia dual de la tierra y el cielo en el estilo barroco, el eterno conflicto en el que insiste la Contrarreforma; hay una dualidad derivada y más reveladora, la del mundo tal como es percibido vitalmente en oposición al mundo tal como es concebido lógicamente. La experiencia vivida en oposición a la necesidad autónoma del ser humano, *parecer* como diría Cervantes, en oposición a *ser*. (1946: 88; mi traducción)

Esta dualidad trágica queda patentemente plasmada en una obra posterior a los *Ejercicios* y de rasgos ya marcadamente barrocos; *La incredulidad de San Tomás* (1601), de Caravaggio. Producida medio siglo más tarde que los *Ejercicios*, la pintura reproduce la escena evangélica en que Jesús aparece, luego de la Pasión y la Resurrección, ante el incrédulo Tomás y le enseña la evidencia del milagro a través de su

---

[10] Tal ha sido la tesis defendida por Stephen Gilman en su artículo «An Introduction to the Ideology of the Baroque in Spain». Gilman rastrea allí las fuentes ideológicas del barroco, hasta esta «dualidad trágica» que se puede encontrar tempranamente en obras «ascéticas» como los *Ejercicios Espirituales*. Gilman estudia en particular, sin embargo, las siguientes obras ascéticas del siglo XVI: los *Discursos de la paciencia Cristiana* de Hernando de Zárate y *Guía de Pecadores* de Fray Luis de Granada. Gilman explora en particular las formas en que en el argumento ascético se anticipa a la tensión barroca: «En el curso de los argumentos de los ascetas, aparecen las fuerzas contra las que luchan; dos actitudes se cruzan y, en la tensión de ese cruce, se ofrece un ejemplo vivo de cómo surgió el estilo hoy conocido como barroco» (1946: 87).

piel desgarrada. El naturalismo agresivo («la crudeza nauseabunda») a que recurre Caravaggio para representar a los cuatro personajes, las arrugas de sus frentes, las rasgaduras de sus ropas y las vacilantes entresombras que los recorren producen un efecto que hace resaltar aún más la dimensión divina. En *The Story of Art*, Gombrich rescata esta coexistencia barroca del plano exacerbadamente mundano y la trascendencia en la obra de Caravaggio, en conjugación con ese aspecto de teatralización hiperrealista (ignaciana) del mito cristiano:

> El «naturalismo» de Caravaggio, su intención de copiar la naturaleza fielmente, más allá de que lo encontremos feo o bello, fue quizá más devoto que la insistencia de Caracci en la belleza. […] Caravaggio habrá leído la Biblia una y otra vez, y habrá reflexionado sobre sus palabras. Se cuenta entre los grandes artistas, como Giotto o Durero antes de él, que quisieron ver los eventos divinos ante sus propios ojos como si estuvieran ocurriendo en la casa del vecino. Así, hizo todo lo posible para hacer que las figuras de los textos antiguos se vieran más reales y tengibles. (1961: 306; mi traducción)

La devoción de Tomás se inicia en el momento exacto en que su dedo índice traspasa la frontera de la piel; recién entonces Tomás es transformado y expresa lo que *indéxicamente* apunta su dedo: «Señor mío y Dios mío». En esta encrucijada del cuadro, que Mieke Bal califica como signo de una «pintura ombligo»[11], quedan involucradas la crudeza expresiva y la teofanía. Esa misma relación encontró Craighton Gilbert en cuanto al realismo caravaggiesco: «el motivo central de la introducción del dedo de Tomás en el interior de la herida de Cristo se corresponde, obviamente, con la habilidad más

---

[11] Vale la pena citar la definición que hace Bal de esta noción, ya desarrollada en *Reading Rembrandt* (1991), de «pintura ombligo» o «navel painting»: «una pintura tal cuyo sujeto es anulado por un extraño detalle que se apodera de la representación, apropiándose de ella en diferentes direcciones, resistiendo la coherencia y, por lo tanto, provocando resistencia» (1999: 31)

Caravaggio, *La incredulidad de San Tomás* (1601).

notable del artista, que es la de usar un naturalismo físico para articular argumentos de fe» (1995: 152).

Comparando las «citas» que de esta obra de Caravaggio se han hecho durante el siglo XX (por artistas como Jeannette Christensen, Mona Hoatoum o Ana Mendieta), Mieke Bal trae a primer plano el juego de dobleces prepósteros involucrados en la reapropiación de una representación primordialmente religiosa, comprometida con la historia cultural de Jesús, y otras representaciones primordialmente profanas que recuperan una dimensión corporal, carnal de la narrativa cultural barroca:

> el desplazamiento de lo sagrado a lo profano, de lo espiritual a lo corporal, aunque contemporáneo, también trae el pasado hacia el presente. [...] Desde la perspectiva de un sugerente tardío siglo XX en el que el dolor y el sufrimiento suelen verse vinculados a la sexualidad, nos

encontramos posibilitados, por artistas que favorecen esta historiografía barroca y el enredo que la caracteriza, a deshacernos del polvo de una religiosidad incorpórea y lograr acceder otra vez a una vida religiosa que se acerca mucho más a la experiencia corporal. (1999: 37-38; mi traducción)

Desde esta perspectiva es iluminador sumar a la preposteridad literaria aquí propuesta, la preposteridad plástica de otra cubana exilada, contemporánea a Sarduy: Ana Mendieta (1948-1985). En el caso de Mendieta, y en particular, sus obras producidas durante los años setenta, hay una serie de intervenciones en el paisaje donde el motivo recurrente del cuerpo abierto y bañado en sangre (o la tierra abierta como metonimia del cuerpo femenino), refleja por un lado su interés en resignificar elementos sacrificiales de origen religioso (cristianos, afrocubanos, aztecas) y articular, por otro, un discurso diaspórico que sondea las fronteras, en continuo desplazamiento, de la identidad.

Mendieta había admitido usar la tierra como si se tratara de un lienzo[12]. Con las aperturas sanguinolentas que practica sobre el terreno, Mendieta se apropia de la fuerza de las prácticas rituales para sus propias necesidades expresivas. En sus obras el desgarro y la sangría pueden leerse ya sea literalmente, como expresiones del conflicto de identidad experimentado por individuos desplazados; o, desde una perspectiva más abarcadora, como materializaciones del

---

[12] La cita completa dice: «Me he lanzado dentro de los elementos mismos que me produjeron, usando la tierra como mi lienzo y mi alma como mis herramientas» (en Mosquera 2018: en línea). La poética de la laceración explorada en este capítulo parece haberse adecuado no sólo a los requisitos de una formulación epistemológica sino también a los de la denuncia social. De hecho, la exploración de Ana Mendieta del cuerpo abierto como comentario sobre el sacrificio y el crimen puede leerse desde una perspectiva epistemológica como la aquí adoptada, pero también como otra posible solución estética al problema expresivo vinculado con la inefabilidad de la violencia.

concepto posmoderno de «desterritorialización» (Deleuze y Guattari), descrito como el desplazamiento de identidades, personas o significados[13]. En todo caso, como acertó en señalar Olga Viso, las laceraciones y las violencias sugeridas por Ana Mendieta tienen una clara inspiración religiosa tomada, a su vez de los Accionistas de Viena (Hermann Niscth o Rudolf Schwarzkogler), por quienes Mendieta estuvo profundamente influenciada[14]:

---

[13] Esa dimensión posmoderna de *indeterminación* y *desterritorialización* hacen que la obra de Mendieta continúe siendo inquietante y atractiva para la sensibilidad actual, y permite, a su vez, una comparación con la obra de Sarduy. Sin embargo, el proyecto tal como es concebido por la propia artista parece encauzar más con las epistemologías de *nitidez* que caracterizan al romanticismo/simbolismo y, en su caso en particular, a la sensibilidad mística de los años sesenta y setenta –de hecho Mendieta fue profundamente inspirada no sólo por las experiencias casi místicas de sus repetidos viajes a México, sino sobre todo por la lectura de Octavio Paz y de Carlos Castañeda–. Para Mendieta las culturas primitivas poseen un «conocimiento interno, una cercanía a las fuentes naturales». Refiriéndose a su propia práctica artística, declaraba: «Mi arte es la forma en que establezco los lazos que me conectan con el universo» (en Viso 2004: 47). Por otro lado, en una propuesta escrita por Mendieta se descubre, a pesar de su vocabulario místico y arquetípico, una sensibilidad que podría (con un poco de imaginación) leerse como afín a esa idea del «exilio del significante» expresada por Sarduy: «Mi arte está enraizado en la acumulaciones primordiales, las urgencias inconscientes que animan al mundo; no en un intent por redimir el pasado, sino más bien en confrontación por el vacío, con la orfandad, con la tierra no bautizada de los orígenes, con el tiempo que nos observa desde el interior de la tierra» (de la propuesta de proyecto para Bard College (1984); en Viso 2004: 47). En su libro Viso hace un repaso de diferentes enfoques sobre la obra de Mendieta que coinciden en las ideas de indeterminación y desterritorialización (2004: 28 y ss.).

[14] Las obras de Hermann Nitsch son particularmente conocidas, incluso las producidas más recientemente, por sus imágenes desgarradoras y repulsivas. En una obra de 1969, por ejemplo, titulada *La Concepción de María* (Acción 31), la *performance* consistía de una mujer desnuda y con las extremidades abiertas, atada a una cruz que soportaba a Nitsch, vestido de cura, y a otros participantes, mientras descargaban las entrañas de un cordero sobre su cuerpo. La *performance* rápidamente se transformaba en una orgía. Si bien Mendieta no incorporó el

Las nociones más profundas del Accionismo en relación a la catarsis física y espiritual, vinculadas a la fascinación de sus miembros por la mitología romántica, dionisíaca y católica; así como el deseo de liberar los traumas y ansiedades de la Segunda Guerra Mundial, encontraron resonancia en Mendieta, que exploró sus propia tradición católica y finalmente la torturada historia colonial de México y el Caribe en busca de inspiración. (Viso 2004: 44; mi traducción)

Lo que en Mendieta aparece como la efímera silueta de un cuerpo ausente, obsesivamente repetido en distintos puntos de la tierra (Iowa, Oaxaca, Cuba…), en *Cobra* aparece como la traslación caprichosa, el desplazamiento sin fin de un sujeto esquivo en torno a un espacio ilusorio (Amsterdam, Cuba, Tánger…[15]). Es la acumulación paratáctica en *Cobra* lo que semánticamente apunta hacia el retraimiento de todo sentido. Allí, los significantes sorpresivamente inconexos:

no funcionan como unidades complementarias de un sentido, por vasto que este sea, sino como ejecutantes de su abolición que, a cada nuevo intento de constitución, de plenitud, logran invalidarlo, derogar retrospectivamente el sentido en cierne, el proyecto siempre inconcluso, irrealizable, de la significación. (Sarduy 1972: 171/2)

El *pathos* de las reapropiaciones de la mitología sacrificial cristiana en Sarduy no lleva esa intensa carga personal de trauma y tortura que asume en Mendieta. En Sarduy el *pathos* es orgiástico y sandunguero,

---

sadomasoquismo distintivo del Accionismo vienés, fue influenciada por muchas de sus ideas radicales sobre sacrificios de animales, simulación de ritos y el recurso a la sangre como material expresivo. Para un repaso detallado de estas influencias véase Herzberg 2004.

[15] El espacio heterotópico donde, en un momento dado, se encuentra el Doctor Katzob, quien practicará el martirio-sacrificio-castración en *Cobra* (sin anestesia pero también sin sufrimiento), refleja también esa misma inasibilidad: «el sótano de una choza de tierra apisonada, cerca del Sahara, disimulaba una Alhambra que a su vez disimulaba un burdel polinesio con biombos tapizados de azul» (1981: 96).

pero coincide con Mendieta en la atomización y sexualización del conflicto entre el cuerpo y la trascendencia como disparador de una búsqueda identitaria que se resuelve en una persecución perpetuamente diferida[16].

En *Cobra*, la tensión trágica que sustenta los *Ejercicios* es estirada al punto de la ruptura. La aventura barroca que de la auto-flagelación conduce a la divinidad se extrema en la novela, en una sobrecarga que resulta graficada por un relato en particular donde la auto-castración deja por un lado el más inmundo residuo escatológico y conduce, por el otro, al instantáneo y espectacular salto al mundo de las Ideas neoplatónicas. Cobra, el personaje, relata a «un teólogo esclarecido y prior de Jerónimos» el «precedente» de:

> un santo alejandrino a quien, en sus orígenes, tanto mortificaban los flujos por luciferinos urticantes de su pudendo que, en un rapto extático y como poseído por serafines quirúrgicos, amputóse de un tajo el basilisco, entregándolo como piltrafa a los perros; así aligerado ascendió, en un torbellino de sentencias gnósticas, al cimborio supremo del panteón platónico. (1981: 89)

El viaje que de la transgresión epidérmica conduce hacia Cristo en Loyola, en *Cobra* se insinúa, ya al principio del texto, como un naufra-

---

[16] La atomización corporal de Cobra es origen y resultado de su perpetua metamorfosis, una metamorfosis que a su vez no tiene ni origen ni destino. Descrita en algun momento como «una ventana de Tomar con dos patas», Cobra es también una muñeca que se duplica, se transforma en una infanta enana y prognática de Velázquez, intercambia lugares con su propio doble, por medio de conjuros, suplicios e intervenciones quirúrgicas; cambia continua y reversiblemente de sexos, atraviesa todas las formas de la tortura física, de la caligrafía corporal (dibujos, tatuajes, tajos, castración) y del martirio sadomasoquista, al punto de la muerte; pero muere y renace infinitamente. Como escribe Edgardo Cozarinsky: «Toda la obra de Sarduy pone en la escena del lenguaje una serie, en apariencia indefinida, tal vez innumerable, de metamorfosis que simultáneamente dan por abolido todo punto de origen y toda posibilidad de meta final» (2000: 4).

gio que desde el maquillaje amenaza a los propios huesos para no llegar a ningún lado. En las primeras páginas de la novela se nos presenta al maquillador de Cobra (servidor a cargo de la primera frontera, inclusive de su capa externa, cosmética), quien resulta ser «un indio ex campeón de lucha grecolatina» (1981: 32). En Loyola, sin embargo, la flagelación más profunda debe permanecer al nivel de la piel: «es preferible castigarse con cuerdas delgadas, que producen dolor externo, y no con instrumentos que causen dentro algún daño notable» (1991: 90). Este contraste entre una superficie cargada de significado y una profundidad insustancial revela la transgresión, exacerbada pero siempre lúdica, que se opera en Sarduy en relación al elemento sacrificial como fantasía barroca recurrente de acceso al conocimiento.

En ese contexto, y en diálogo con el ascetismo ignaciano, el sadismo se presenta como instancia de una ceremonia destinada a la celebración, sometimiento y rendición a una presencia en continua retirada:

> El perverso explora un instante; en la vasta combinatoria sexual sólo un juego lo seduce y justifica. Pero ese instante, fugaz entre todos, en que la configuración de su deseo se realiza, se retira cada vez más, es cada vez más inalcanzable, como si algo que cae, que se pierde, viniera a romper, a crear un hiato, una falla entre la realidad y el deseo. Vértigo de ese inalcanzable, la perversión es la repetición del gesto que cree alcanzarlo. Y es por llegar a lo inasible, por unir realidad y deseo, por coincidir con su propio fantasma que el perverso transgrede toda ley. [...] En el fondo, el sadismo carece de sujeto, es pura búsqueda del objeto. (Sarduy 1999: 1124)

Durante otra ceremonia sado-religiosa experimentada por Cobra, esta vez como parte de un rito sadomasoquista practicado por una banda de *Jesus-freaks* y «adoradores del cuero» (devotos de otra piel: *leather fans*), la exacerbación que va del cuerpo ritual al cuerpo sexualizado alcanza además un nivel que supera la mera *profanización*. Allí, mientras Cobra está atada a un árbol, con surcos sanguinolentos que le hinchaban las rodillas y los puños y le cercenaban los tobillos, uno de los atormentadores, casualmente llamado TOTEM, le dice:

> Vas a beber de mi sangre –y le echó encima una botella de ketchup–; de mi leche –y le abrió sobre la cabeza un envase de yoghurt. (Sarduy 1981: 153)

Sarduy remite a la sangre y al semen de dios, sumando así, a la cadena metonímica del pan y el vino como el cuerpo y la sangre de Jesús, dos productos de supermercado, y transformando la repetición del sacramento de la eucaristía no sólo en un rito de ofrecimiento lúbrico sino además en una celebración que funde la repetición sacrificial con la reproducción industrial de la cultura masiva. Al final de esa escena, otro de los participantes, TIGRE, prepara la cámara fotográfica y dice: «Voy a cegarte –un flash contra los ojos» (1981: 153).

La imagen capturada por ese fulgor fílmico añade a la larga tradición de representación visual del cuerpo violentado/transubstanciado (de Cristo a Fou-Tchou-Li) una estética de satinada revista de modas, una escenografía homoerótico-*kitsch* donde la dimensión más trascendental a que puede aspirar el suplicio es a la anafórica reproducción –aplanada, saturada y mecánica– del producto publicitario[17].

Teatro del lenguaje

Tanto los *Ejercicios Espirituales* como *Cobra* son obras de textura teatral. Ambas podrían leerse como largas y detalladas acotaciones

---

[17] Este recorrido fue flagrantemente apropiado por el arte también homo-*kitsch* del dúo francés Pierre et Gilles, quienes desde finales de los años setenta vienen explorando el juego de yuxtaposiciones entre la religión y la cultura pop. Como parte de la ambivalencia irónica que Pierre et Gilles imprimen a sus obras, hay que tener en cuenta que cada imagen producida por el dúo es sometida a un largo y elaborado proceso –primero fotográfico, y luego de detallada pintura a mano– que la vuelve única e irremplazable.

escénicas, como obsesivas didascalias. Cada uno de los ejercicios ignacianos es presentado como una coreografía minuciosa; desde la organización práctica del retiro hasta las fantasmáticas visualizaciones. La novela de Sarduy, por su parte, es protagonizada, de escena en escena, por personajes que son, a su vez, *vedettes*, actores, cantantes, muñecas o títeres siempre listos a representar rituales prefijados, a interpretar cuadros célebres (de Wifredo Lam, Velázquez, Leonor Fini, Goya…) o a transformarse en citas de otros o del propio texto[18].

No es este, sin embargo, el sentido restringido que pretendo imprimirle al carácter teatral de estas obras. Por el contrario, intento ampliarlo de manera que abarque también el impulso de sus lenguajes para representarse a sí mismos en el escenario más vasto de toda articulación: un sentido que contemple también la conciencia dramática, que en ellos podría vislumbrarse, de la dimensión escritural de sus textos.

Sarduy reconoce que la fuerza revolucionaria del Marqués de Sade (punto de intersección ya ineludible en este diálogo prepóstero), radica en que sus textos se desarrollan excluyentemente en ese nivel *fantasmático, inasimilable* de la escritura: «Lo único que la burguesía no soporta, lo que la "saca de quicio" es la idea de que el pensamiento pueda pensar sobre el pensamiento, de que el lenguaje pueda hablar del lenguaje, de que un autor no escriba sobre algo, sino que escriba algo (como proponía Joyce)» (1999: 1129)[19].

---

[18] Como apunta González Echevarría: «Un rasgo que se destaca en la obra de Sarduy y que atraviesa toda la literatura neobarroca es la teatralidad; la insistencia en el teatro como lugar de acción» (1976: 66).

[19] Esta otra cita completa la referencia: «la aventura del Marqués se desarrolla en un nivel fantasmático, en ese plano, inasimilable aún para la sociedad, de la *escritura*. Su desenfreno es textual. Aparte de una pastillas de cantárida […] y otros "delitos" menores, poco llevó a lo que se considera la realidad, poco *tradujo* la verdad de sus fantasmas. Por ello su revolución es, aún hoy en día, intolerable» (Sarduy 1999: 1122).

En el caso de Sarduy, la autonomía de la escritura ha definido desde un principio su obra, cifrada en un lenguaje sujeto a sus propias leyes, que proyecta el significante hacia todos los niveles de la comunicación[20]. En el caso de Loyola también se podría, a contrapelo de las lecturas religiosas, interpretar los *Ejercicios* como un proyecto escritural[21]. De hecho, ha sido ese el propósito de Roland Barthes en *Sade/Fourier/Loyola*, donde intenta superar el mito del lenguaje instrumental (concebido para asegurar la transmisión de una dimensión espiritual), y se embarca en una lectura del discurso ignaciano que es *interior a la escritura y no interior a la fe*[22]. Barthes aborda el proyecto de Loyola en términos de la fundación de un lenguaje; un lenguaje que, como era de esperar, se propone no tanto propiciar la comunicación con Dios como articular una sintaxis cuyos cortes progresivos se aproximen, en su aceleración arrebatada, a una forma de divinidad.

Escritores místicos como Santa Teresa o San Juan de la Cruz reconocen que para expresar la inefabilidad de la experiencia religiosa, la articulación, como condición de posibilidad del lenguaje, debe ser agotada, extenuada. La estrategia de los *Ejercicios*, sin embargo,

---

[20] De hecho, ya en 1967 Roland Barthes reconoció esa característica en *De dónde son los cantantes*, cuando escribió que el barroco de Sarduy: «manifiesta la ubicuidad del significante, en todos los niveles del texto, y no, como es corriente decirlo, sólo en su superficie» (1976: 110).

[21] La mayor parte de los seguidores y lectores de Loyola interpretaron el lenguaje de los *Ejercicios* como totalmente despojado de estilo o retórica, y concentrado simplemente en el más elemental objetivo de comunicar. En su biografía de San Ignacio, por ejemplo, John Pollen escribe: «Ignacio carece casi enteramente de retórica, y sin embargo sus palabras tienen un extraño poder» (1922: 46).

[22] Para fundar un lenguaje se requiere además de aislamiento, articulación y orden, una cuarta operación: teatralización. Este concepto remite en Barthes no tanto a la producción de una escenografía como a una apertura del lenguaje donde el estilo es absorbido en la escritura y se nos presenta un *lenguaje*, es decir: el campo del significante donde queda anulado el balance, el centro y el significado.

como señala Barthes, se regodea en la articulación misma, y de allí la proliferación exagerada y obsesiva de «cortes» que organizan el texto en semanas, días, ejercicios, oraciones, puntos, coloquios, exámenes, preludios, notas, sugerencias, modos, normas, etcétera:

> La teofanía que [Loyola] busca metódicamente es, de hecho, una semiofanía; lo que él está tratando de obtener es más el signo de Dios que conocimiento de Él o Su presencia. El lenguaje es su horizonte definitivo y la articulación una operación que nunca puede abandonar en favor de estados indistinguibles, inefables. (Barthes 1976: 53; mi traducción)

Barthes ilustra la proliferación de estos cortes con un organigrama de la primera semana como forma de mostrar gráficamente que el objetivo de la acumulación fractal (infinita) de subdivisiones, bifurcaciones y trifurcaciones consiste en invocar una presencia igualmente ilimitada[23]. La estrategia de la articulación exasperada en Loyola se cifra, así, en combatir incesantemente el vacío: una acumulación excesiva que invade y ocupa tanto el espacio y el tiempo del ejercitante como las páginas de los *Ejercicios*.

En su artículo sobre *Cobra*, Ronald Christ también conecta el proyecto escritural de Sarduy con una aspiración de carácter religioso, una conexión que, según Christ, repite la trayectoria del héroe epónimo de la novela entre el suplicio y la transubstanciación:

> a través de la sangrienta metamorfosis dentro de un invertido sexual estilo Garbo y, eventualmente –yo pienso–, dentro de un cadáver ritualizado, vemos que lo que Cobra pide a Dios es comparable a lo que Sarduy pide a la literatura: lograr una especie de divinidad por medio

---

[23] «Es útil imaginar la arborescencia continua del discurso ignaciano, porque así podemos verlo abrirse como un organigrama diseñado para regular la transformación de un pedido en un lenguaje, o la producción de un número capaz de excitar la respuesta Divina» (Barthes 1976: 57; mi traducción).

de la pureza formal (sexo/lenguaje) que en la novela significa dejar a un lado el dominio que la Trama normalmente ejerce sobre la Palabra, la liberación del Personaje respecto de la Personalidad, la del Sujeto respecto del Tema, y creando así un libro «divino» que es su propio héroe, trama y sujeto: obra de las palabras. (Christ 1969: 140-1)

Si bien podría concebirse a Cobra, el personaje, como en busca de una forma de divinidad (aunque no sea más que de una acepción *chic* de lo *divino*), el placer (también sadomasoquista) del texto sarduyano, más que conjurar una presencia ilimitada, sugiere una acumulación metonímica, metastásica en torno a otra plenitud: la de la ausencia ilimitada. Así lo revela, por ejemplo, el texto proliferante con que se abre la sección titulada «Para los Pájaros»:

Con el cuerpo de Cobra a cuestas –la cabeza perforada sangra por la nariz, contra su nuca, sobre su hombro derecho– por ahí viene TOTEM; en la casaca, a lo largo del pantalón, hasta los bajos, dos listas escarlatas: cadete endomingado.
Fosforece: menta salivosa, lo baña la baba verde del muerto; de humores concéntricos lo cubre un manto empalagoso. Encorvado avanza: mendigo holandés de madera, cazador que doblan los dones excesivos de la montería; no es un cadáver lo que carga, sino patos cobrizos, tripas con agujeros y cuellos fláccidos, cisnes perdigonados, pezuñas, plumas.
Suenan como nueces cuarteadas, pero son cangrejitos ciegos que huyen despavoridos del olor a muerto lo que aplasta con las suelas.
Más intrépidos son los pájaros, que picotean las dos cabezas, goloseando el cocktail de ganglios. (1981: 186)

La teatralidad escritural en Sarduy no se remite, como en Loyola, a una «super-articulación» que aspira, en sus sucesivas y vertiginosas repeticiones, a salvar la brecha que separa al lenguaje de la divinidad, sino por el contrario a un simulacro excesivo cuya única aspiración es la de deificar esa brecha. Así, en esta exacerbación retórica en torno al vacío, cifra el mismo Sarduy su estética neobarroca en contraste con la barroca; calificación que podría definir, en términos generales, la distancia que se abre entre estas dos sensibilidades que enmarcan la modernidad:

> Neobarroco del desequilibrio, reflejo estructural de un deseo que no puede alcanzar su objeto, deseo para el cual el *logos* no ha organizado más que una pantalla que esconde la carencia. La mirada ya no es solamente infinito: como hemos visto, en tanto que objeto parcial se ha convertido en objeto perdido. (1972: 182/3)

La mueca horripilada

Ambas dimensiones aquí examinadas, la tensión trágica y la teatralidad escritural, recorren como una línea de fuego la obra de Loyola y la de Sarduy: de manera inconfesada y furtiva en los *Ejercicios*, y como celebración paroxística en *Cobra*. En ambos casos, sin embargo, esa tensión y esa teatralidad radican en que sus escrituras se desarrollan en un ámbito meramente escritural, de invención de un lenguaje que aspira, en su prodigiosa proliferación, a conjurar una plenitud, y que a su vez se sospecha a sí mismo *siempre inconcluso, irrealizable*. A pesar de las distancias, en ambos autores reverbera el estupor de esa imposibilidad. Y quizá sea ese también el estupor que distorsiona los rostros, sorprendidos entre la agonía y el éxtasis, del Jesús caravaggiesco, de la Santa Olalla de García Lorca, del horripilado Fou-Tchou-Li de Bataille, de las torturadas Cobra y Pup, de los ejercitantes ignacianos y los adoradores del cuero, de la Santa Teresa de Bernini y de Ana Mendieta. Un estupor que en Loyola se manifiesta en forma de una mirada anegada, en un silencioso y anhelante lamento abisal, y en Sarduy en una contagiosa mueca autoparódica que nunca logra, sin embargo, disimular completamente el horror de la ausencia.

Epílogo

Muerte al rojo vivo

Las estrategias del engaño y la apariencia a las que recurre Pablos, el pícaro de Quevedo, en la *Historia de la vida del Buscón* (buscador de perspectivas) pueden leerse como puestas en abismo de esas posturas contorsionadas que adquieren las obras que se proyectan desde la brecha abierta entre el mundo y su representación. Junto a otros pícaros que simulan atuendos valiosos con trapos, cartones y «pellejos», adoptando posiciones que «ni pintó tan extrañas posturas Bosco» (1970: 91), Pablos es instado a ensayar figuras casi anamórficas para disimular la inexistencia del cuello de la camisa. Estos giros dramáticos apuntan, desde la agudeza quevediana, a las formas tortuosas y paradójicas que adquiere la expresión cuando el centro de significación peligra al borde del vacío:

> El cuello estaba todo abierto, de puro roto; pusiéronmele, y dijeron: «El cuello está trabajoso por detrás y por los lados. V.m., si le mirase uno, ha de ir volviéndose con él, como la flor del sol; si fueren dos y miraren por los lados, saque pies, y para los de atrás traiga siempre el sombrero caído sobre el cogote, de suerte que la falda cubra el cuello y descubra toda la frente; y al que preguntare que por qué anda así, respóndale que porque puede andar con la cara descubierta por todo el mundo». (1970: 92)

En contraste con la artificiosa estética manierista que exigía que el espectador girara en torno a la obra escultórica, la escultura barroca (o la narrativa barroca) incorpora esa exigencia del movimiento desde el interior mismo. Imaginamos así a este pícaro de Quevedo como encarnación del *contrapposto* barroco, como un desamparado *David* de Bernini, girando sobre sí mismo para simular opulencia, elaborando una coreografía vertiginosa que es a la vez simulacro victorioso y expresión de su propio descalabro grotesco[1].

Para el propósito de deslindar las continuidades así como los quiebres que operan entre el barroco siglo XVII y el neobarroco del XX, y manteniéndonos en el ámbito picaresco, «El niño proletario» (1973) de Osvaldo Lamborghini puede ofrecer sugerentes puntos de contacto, al menos en cuanto a la exacerbación de esa tensión barroca bajo la cual se retuercen las figuras.

Como si en el cuento de Lamborghini se hubiesen concretado los más secretos temores de ser confrontado, desde todos los ángulos, por la burguesía, «tres niños burgueses: Esteban, Gustavo, yo», rodean ahora al «niño proletario» (que porta en su sobrenombre –¡Estropeado!– tanto su origen como su destino), pero el asedio deja de ser retórico o visual para encarnarse en una violencia que no sólo traspasa la frontera social de la vestimenta sino además las fronteras de la sexualidad, la de la carne y los huesos:

> Gustavo le tajeó la cara al niño proletario de arriba hacia abajo y después ahondó lateralmente los labios de la herida [...] clavó primero el vidrio triangular donde empezaba la raya del trasero de ¡Estropeado!

---

[1] La escultura concebida «en torno» constituía uno de los principios más importantes de la escultura manierista que mantenía al espectador rotando en torno a las figuras sin permitirle contentarse en un punto de vista predominante, como ocurre, por ejemplo con el «Salero» de Benvenuto Cellini (1540-43). De hecho, fue Cellini quien escribió que «una buena escultura debe tener cien puntos de vista» (en Panofsky 1995: 45). Por su parte, la escultura barroca abandonó este principio retomando el del único punto de vista, pero incluyendo «tantas torsiones, perspectivas extremadas y valores espaciales (intervalos entre las unidades plásticas) que la "vista única" asume el carácter de un plano visual imaginario sobre el que se proyectan tantos elementos plásticos como espaciales» (Panofsky 1995: 45). La escultura barroca no representa movimiento, ni siquiera delega el movimiento al espectador: lo incorpora.

y prolongó el tajo natural. Salió la sangre esparcida hacia arriba y hacia abajo, iluminada por el sol, y el agujero del ano quedó húmedo sin esfuerzo como para facilitar el acto que preparábamos. (2003: 58)

La violación del niño proletario se lleva a cabo con tal brutalidad que hasta los legendarios golpes que sufre el Pablos de Quevedo, las manteadas que recibe Sancho Panza o los jarrazos que le pega el ciego a Lázaro no pasan, en comparación, de mero gesto retórico. A pesar de la ferocidad con que son dados y a veces descritos estos azotes, hay una reversibilidad de «dibujo animado» en los personajes picarescos, una capacidad de reconstitución que ha desaparecido en este relato de Lamborghini:

> Le abrí un canal de doble labio en la pierna izquierda hasta que el hueso despreciable y atorrante quedó al desnudo. Era un hueso blanco como todos los demás, pero sus huesos no eran huesos semejantes. Le rebané la mano y vi otro hueso, crispados los nódulos-falanges aferrados, clavados en el barro, mientras Esteban agonizaba a punto de gozar. (2003: 60)

La distorsión neobarroca parece revelar no sólo estiramientos de límites estructurales, sino el quiebre de estos límites (la ropa, la piel, los huesos). El *contrapposto* se exacerba, en el niño proletario, al punto del desgarro irreversible. Aquel «extraño remolino de pedazos dispersos y residuos anatómicos sin forma», que remite a la anamorfosis cónica citada por Baltrusaitis, puede reconstituirse en el *Venus y Adonis* clásico de Dorigny así como en los apaleados pero resilientes pícaros. De hecho «ana-morfosis» significa «volver a la forma». El niño proletario, en cambio, pierde definitivamente la forma; la monstruosidad «amórfica» se presenta no como un estadio sino como un destino.

La visión del barroco como expresión ornamental, que desarrolla Néstor Perlongher en *Prosa Pebleya*, lo aparta del enfoque que vertebra este trabajo; sin embargo su lectura perceptiva de la obra de

Lamborghini como «detonador de ese flujo escritural que embarroca o embarra las letras transplatinas» ofrece una lectura de ese destino amórfico en el contexto del «neobarroso» rioplatense de los años setenta:

> Las condiciones de la relación entre la lengua y el cuerpo, entre la inscripción y la carne, admiten tensores diferentes en el neobarroco contemporáneo. En el cubano Severo Sarduy, directamente filiado a Lezama, la inscripción toma la forma del tatuaje […] En cambio para Osvaldo Lamborghini, más que de un tatuaje, se trata de un tajo, que corta la carne, rasura el hueso. […] Entre estos dos grandes polos de la tensión tajo/tatuaje, se desenvuelven, *grosso modo*, una multiplicidad de escrituras neobarrocas, o sería más generoso decir, de trazos neobarrocos en las poéticas hispanoamericanas. (Perlongher 1997: 100)

La distorsión neobarroca no sólo desafía al punto del quiebre las correspondencias y proporciones anamórficas, sino que, además, opera en las fronteras de la percepción. Ya no se trata de amenazar por un desplazamiento del punto de vista la convención de una mirada estática posicionada sobre una tierra chata: la mirada del niño proletario está enceguecida y hundida en el barro. Sugerente nota añade la experiencia del niño proletario a la cosmología de puntos de vista infinitos de Nicolás de Cusa. Con el rostro hundido en una zanja de agua escasa, para el niño proletario la Tierra se transforma en barro, y el sol, que no ve, sólo refleja los destellos húmedos de la sangre que le recorre el cuerpo ultrajado. Para completar el efecto, le son extirpados ambos globos oculares: «El punzón le vació los ojos con dos y sólo dos golpes exactos». Es desde este proceso de intensificación del perspectivismo que deriva en la extirpación ocular que entiendo la imagen del ojo lacerado en *Un chien andalou*: no sólo como intento de *épater le bourgeois*, sino sobre todo como gesto seminal de esa amenaza en las fronteras de la percepción que caracteriza a la estética neobarroca[2].

---

[2] Esta dinámica de intensificación puede ser concebida desde el enfoque que ofrece Omar Calabrese en *Neo-baroque,* donde los elementos

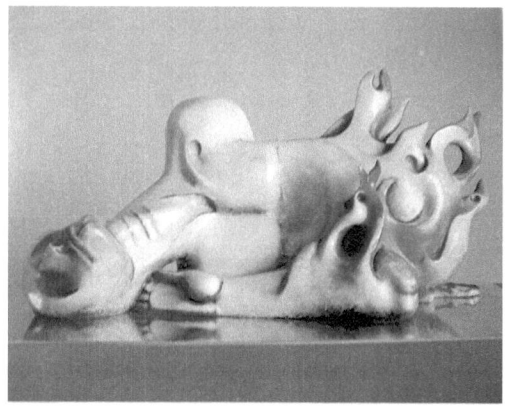

Juan Carlos Distefano, *Giallo II* (1972).

A través de estas rupturas estructurales y desafíos perceptuales, el impulso neobarroco apunta no simplemente hacia la ausencia de un *cosmos* o a la revelación de un caos, sino hacia un universo en perpetua desintegración. El neobarroco se entiende así como exacerbación de ese proceso de relativización que culmina en «un desbarajuste alienante del texto y del mundo»; pero responde este enredo (este desengaño) a una lógica paradójica en cuya eterna circularidad las ruinas se encuentran siempre al borde de la reconstrucción y, a su vez, toda renovación coincide con la muerte. Como en el cuento de Lamborghini, se trata de un mundo donde la flagelación se corresponde con el goce; el goce es, a su vez, desencadenado por la agonía;

---

constitutivos del gusto barroco se reflejan en los *mass media* (desde donde el *videoclip* aparece como la manifestación más gráfica). Así, puede verse el proceso de intensificación del perspectivismo en términos de un montaje de aceleración geométrica cuyas imágenes terminan por desaparecer, dejando sólo la huella de un pestañeo vertiginoso, un flash blanco-negro. Sólo el fundido a negro compensa el esfuerzo de la aceleración del montaje. La imagen de *Un chien andalou* puede leerse como un montaje operado no en el celuloide sino sobre la película que recubre el ojo: un comentario profético sobre el *videoclip* y *los medios masivos de comunicación*.

y la simiente depositada por dos violaciones se vuelve doblemente infecunda.

Afín a la estética de Lamborghini, las esculturas de Juan Carlos Distéfano parecen constituidas de los restos de una revelación devastadora; sus personajes, como los de Lamborghini, se encuentran escapando infructuosamente de esas ruinas o dirigiéndose inevitablemente hacia ellas. El cuerpo desgarrado, estructural y perceptivamente, que se muestra en *Giallo*, quizá resuma en una sola imagen visceral la paradójica estética neobarroca: jirones de carne insepulta flameando en minuciosa estilización, en hermosas llamaradas de muerte al rojo vivo[3].

---

[3] *Giallo* pertenece a una serie enfocada, justamente, en la desintegración del cuerpo. Aquí, las órbitas vacías de los ojos insisten en el tema de los límites de la percepción, y el tipo de frontalidad, reminiscente de la unificación del arte etrusco (frente, dorso, lateral) puede verse como un comentario solapado acerca del violento proceso de torsión (*torquére*) que precede al desgarrón final.

Bibliografía

Adorno, Theodor (1984): *Aesthetic theory*. London: Routledge & Kegan Paul.
Alberti, León Battista (1950): *Della pittura*. Firenze: Sansoni.
Alonso, Dámaso (1948): *Vida y obra de Medrano*. Madrid: Instituto Miguel de Cervantes.
— (1950): *La lengua poética de Góngora*. Madrid: Revista de Filología Española Anejo XX.
— (1956): *Seis calas en la expresión literaria española*. Madrid: Gredos.
— (1967): *Góngora, El «Polifemo»*. Madrid: Gredos.
— (1993): *Poesía española. Ensayo de métodos y límites estilísticos*. Madrid: Gredos.
Anderson, Douglas (1987): *Creativity and the philosopy of C. S. Peirce*. Dordrecht: Martinus Nijhoff Publishers.
Anaya, J. López (2002): *Xul Solar: Una utopía espiritualista*. Buenos Aires: Fundación Pan Klub.
Aristóteles (1946): *Obras Completas*. México: UNAM.
Baciu, Stefan (1974): *Antología de la poesía surrealista latinoamericana*. México: Joaquín Mortiz.
Bal, Mieke (1999): *Quoting Caravaggio*. Chicago: University of Chicago Press.
Baler, Pablo (2002): «The Doors of Expression». En *Sculpture Magazine* 21 (4): 44-51.
Balderston, Daniel (2000): *Borges: realidades y simulacros*. Buenos Aires: Biblos.
Baltrusaitis, Jurgis (1977): *Anamorphic Art*. Cambridge: Chadwyck' Healey.
— (1989): *Aberrations: an essay on the legend of forms*. Cambridge: MIT Press.

BARTHES, Roland (1976): «Sarduy: La faz barroca». En Aguilar Mora, Jorge (ed.): Severo *Sarduy*. Madrid: Fundamentos.
— (1976): *Sade / Fourier / Loyola*. New York: Hill and Wang.
BARY, David (1979): «Sobre los orígenes de «Altazor»». En *Revista Iberoamericana* XLV (106-107): 111-116.
BATAILLE, George (1971): *Les Larmes d'Eros*. Paris: J. J. Pauvert.
— (1973): *Literature and evil*. London: Calder and Boyars.
— (1985): *Visions of Excess: selected writings*, 1927-1939. Minneapolis: University of Minnesota Press.
— (1994): *The Absence of Myth: writings on surrealism*. London / New York: Verso.
BAUDRILLARD, Jean (1981): *Simulacres et simulation*. Paris: Galillée.
— (1998): *Symbolic exchange and death*. London: Sage.
BENJAMIN, Walter (1998) *The origin of German tragic drama*. New York: Verso.
BERNSTEIN, Leonard (1976): *The Unanswered Question: Sis talks at Harvard*. Cambridge: Harvard University Press.
BLANCO, Mercedes (1988) «El mecanismo de la ocultación. Análisis de un ejemplo de Agudeza». En *Criticón* 43: 13-36.
BLANCHOT, Maurice (1993): *The Infinite Conversation*. Minneapolis: University of Minnesota Press.
BLOCK DE BEHAR, Liza (1987): *Al margen de Borges*. México: Siglo XXI.
BLUMENBERG, Hans (1983): *The Legitimacy of the modern age*. Cambridge / London: MIT Press.
— (1985): *Work on Myth*. Cambridge / London: MIT Press.
BODEI, Remo (1993): «El lince y la Jibia: observación y cifra en los saberes barrocos». En Bodei, Remo & Buci-Glucksmann, Christine & Jaruta Marión, Francisco: *Barroco y Neobarroco*. Madrid: Círculo de Bellas Artes, 59-68.
BORGES, Jorge Luis (1921): «La metáfora». En *Cosmópolis* 35: 395-402.
— (1925): *Inquisiciones*. Buenos Aires: Proa.
— (1967): *Historia universal de la infamia*. Buenos Aires: Emecé.
— (1974): *Obras Completas*. Buenos Aires: Emecé.
— (1993): *El tamaño de mi esperanza*. Buenos Aires: Seix Barral.
— (1994): *El idioma de los argentinos*. Buenos Aires: Seix Barral.

— (1997): *Ficciones*. Madrid: Alianza Editorial.
BRETON, André (1985): *Manifiestos del Surrealismo*. Barcelona: Labor.
BUSSAGLI, Marco (2000): *Bernini*. Firenze: Giunti Gruppo Editoriale.
CALABRESE, Omar (1992): *Neo-baroque: a sign of the times*. Princeton: Princeton University Press.
CALVINO, Italo (1993): *Por qué leer los clásicos*. Barcelona: Tusquets.
CARPENTIER, Alejo (1997): *Concierto barroco*. Madrid: Siglo XXI.
CARREIRA, Antonio (1995): «La novedad de las *Soledades*». En Issorel, Jacques: *Crepúsculos pisando*. Perpignan: Presses Universitaires de Perpignan, 79-91.
CASCARDI, Anthony (1986): *The Bounds of Reason*. New York: Columbia University Press.
— (1987): *Literature and the Question of Philosophy*. Baltimore: John Hopkins University Press.
— (2000): «Philosophy of culture and theory of the Baroque». En *Filozofski Vestnik* 22: 87-110.
CASTILLO, David R. (2001): *(A)wry views: anamorphosis, Cervantes, and the early picaresque*. Indiana: Purdue University Press.
CASTRO, Américo (1972): *El pensamiento de Cervantes*. Barcelona: Noguer.
CERVANTES, Miguel de (1983): *Don quijote de la Mancha*. Buenos Aires: Abril.
— (1972): *El casamiento engañoso / Coloquio de los perros*. Buenos Aires: Kapeluz.
COONROD, Elizabeth (2001): *Before the Boom. Latin American Revolutionary Novels of the 20s*. Lanham: University Press of America.
CORTÁZAR, Julio (1983): *Rayuela*. Buenos Aires: Sudamericana.
COSTA, René de (1984): *Huidobro: Los oficios de un poeta*. México: Fondo de Cultura Económica.
— (1996): *Vicente Huidobro: Poesía y Poética (1911-1948)*. Madrid: Alianza.
COZARINSKY, Edgardo (2000): «Severo Sarduy, prisionero de Saint-Germain-des-Près». En *La Nación*, Suplemento Cultura, 12 de enero.
CHIAMPI, Irlemar (1994): «La literatura neobarroca ante la crisis de lo moderno». En *Criterios* 2: 171-183.
— (2000): *Barroco y Modernidad*. México: Fondo de Cultura Económica.

CHEVALIER, Maxime (1976): «Gracián frente a Quevedo». En *Hispanic Review* XLIV (4): 333-356.
CHRIST, Ronald (1969): *The narrow act: Borges' art of allusion*. New York: NYU Press.
DANIELSON, D. Richard (2000): *The book of the cosmos: imagining the universe from Heraclitus to Hawking*. Cambridge: Perseus.
DAVID, Madeleine (1965): *Le débat sur les écritures et l'hiéroglyphe aux XVIIe et XVIII siecles*. Paris: S.E.V.P.E.N.
FLOR, Fernando de la (2002): *Barroco, representación e ideología en el mundo hispánico (1580-1680)*. Madrid: Cátedra.
DELEUZE, Gilles (1993): *The Fold: Leibniz and the baroque*. Minneapolis: University of Minnesota Press.
— (1993): *The logic of sense*. New York: Columbia University Press.
— (1994): *What is Philosophy?* New York: Columbia University Press.
DONOSO, José (1984): *Historia personal del Boom*. Buenos Aires: Sudamericana / Planeta.
D'ORS, Eugene (1993). *Lo barroco*. Madrid: Tecnos.
DUMAS, George (1933): *Nouveau Traité de Psychologie*. Paris: Librairie Félix Alcan.
ECO, Umberto (1983): «Horns, Hooves, Instep». En Eco, Umberto & Sebeok, T. H.: *The Sign of Three*. Bloomington: Indiana University Press, 198-221.
ELIOT, T. S. (1951): «Tradition and the Individual Talent». En *Points of view*. London: Faber and Faber.
ELIZONDO, Salvador (1981): *Farabeuf.* Barcelona: Montesinos.
FERNÁNDEZ, Macedonio (1968): *Papeles de Recienvenido*. En *Selección de escritos*. Buenos Aires: Centro Editor de América Latina.
FICKLIN, Valeria (2001) «Mannerist Staircases: A Twist in the Tale». En *Athanor* XIX: <http://www.fsu.edu/~arh/events/athanor/athxix/AthanorXIX_ficklin.pdf>.
FOCILLON, Henri (1989): *The life of forms in art*. New York: Zone Books.
FOSTER, David W. (1997): *From Romanticism to modernismo in Latin America*. New York: Garland.
FOUCAULT, Michel (1968): *Las palabras y las cosas*. México: Siglo XXI.

Furst, Lilian (1984): *Fictions of romantic irony*. Cambridge: Harvard University Press.

García Lorca, Federico (1998): *Romancero gitano*. Barcelona: Losada.

Gilbert, Creighton (1995): *Caravaggio and his two cardinals*. University Park: Pennsylvania State University Press.

Gillespie, Gerald (1998): *Garden and labyrinth of time*. New York: Peter Lang.

Gilman, Ernest (1978): *The curious perspective*. New Haven: Yale University Press.

Gilman, Stephen (1946): «An introduction to the ideology of the baroque in Spain». En *Symposium. A quarterly Journal in Modern Literatures* I (1): 82-107.

Gombrich, E. H. (1961): *Art and illusion; a study in the psychology of pictorial representation*. New York: Bollingen Foundation / Pantheon Books.

— (1984): *The story of art*. Oxford: Phaidon Press.

Gomes, Miguel (1999): *Los géneros literarios en hispanoamérica*. Pamplona: Ediciones Universidad de Navarra.

Gómez de la Serna, Ramón (1947): *Greguerías completas*. Barcelona: José Janés.

— (1953): *Quevedo*. Buenos Aires: Espasa-Calpe.

— (1972): *Greguerías. Selección 1910-1960*. Madrid: Espasa Calpe.

Góngora, Luis de (1927): *Soledades*. Madrid: Revista de Occidente.

— (1986): *Fábula de Polifemo y Galatea*. Madrid: Castalia.

González Echevarría, Roberto (1976): «Memorias de apariencias y ensayo de *Cobra*». En Aguilar Mora, Jorge (ed.): *Severo Sarduy*. Madrid: Fundamentos, 63-86.

Gracián, Baltasar (1998): *Arte de ingenio, Tratado de la agudeza*. Madrid: Cátedra.

— (1984): *El héroe*. Barcelona: Planeta.

Gradowczyk, M. (1988): *Xul Solar*. Buenos Aires: Ediciones Anzilotti.

— (1994): *Alejandro Xul Solar*. Buenos Aires: Ediciones ALBA.

Grassi, Ernesto (1980): *Rhetoric as Philosophy*. Pennsylvania: PSU Press.

Guerrero, Gustavo (1998): «The religion of the Void». En Rivero Potter, Alicia (ed.): *Between the Self and the Void: Essays in honor of Severo Sarduy*. Boulder: Society of Spanish and Spanish-American Studies, 33.

HAHN, Oscar (1995): «Prólogo». En Huidobro, Vicente: *Altazor*. Santiago de Chile: Editorial Universitaria.
HALLYN, Fernand (1990): *The poetic structure of the world*. New York: Zone Books.
HARRIES, Karsten (2001): *Infinity and Perspective* Cambridge: MIT Press.
HEGEL, G.W.F. (1975): *Aesthetics. Lectures on fine art*. Oxford: Oxford University Press.
HEMPEL, Carl (1966): *Philosophy of Natural Science*. New Jersey: Prentice Hall.
HENINGER, S. K. Jr (1974): *Touches of Sweet Harmony*. California: The Huntington Library.
HERZBERG, Julia (2004): «Ana Mendieta's Iowa years 1970-1980». En *Ana Mendieta, earth body*. Washington: Hatje Cantz Publishers, 137-179.
HEY, Nicholas (1979): «"Nonsense" en "Altazor"». En *Revista Iberoamericana* 106-107: 149-156
HIDALGO-SERNA, Emilio (1993): *El pensamiento ingenioso en Baltasar Gracián*. Barcelona: Anthropos.
HOCKE, Gustav R. (1961): *El Manierismo en el arte europeo de 1520 a 1650 y en el actual*. Madrid: Guadarrama.
HUET, Marie (1993): *Monstrous imagination*. Cambridge: Harvard University Press.
HUGNET, Georges (1973): *La aventura Dada*. Madrid: Jucar.
HUIDOBRO, Vicente (1994): *Antología poética*. Santiago de Chile: Editorial Universitaria.
— (1995): *Altazor*. Santiago de Chile: Editorial Universitaria.
HUXLEY, Aldous (1954): *The doors of perception*. New York: Harper.
JARRY, Alfred (2004): *Gestes et opinions du docteur Faustroll, pataphysicien*. Paris: Cartouche.
JÁUREGUI, Juan de (1960): *Antídoto contra la pestilente poesía de las Soledades*. México: El Colegio de México.
JEFFERS, Jennifer M. (2001): *Uncharted space the end of narrative*. New York: Peter Lang.
KUHN, Thomas (1970): *The structure of scientific revolutions*. Chicago: University of Chicago Press.

LAMBORGHINI, Osvaldo (2003): «El niño proletario». En *Novelas y Cuentos I*. Buenos Aires: Sudamericana.
LAUSBERG, Heinrich (1968): *Manual de retórica literaria*. Madrid: Gredos.
LÁZARO CARRETER, Fernando (1956): «Quevedo entre el amor y la muerte». En *Papeles son de Armadans* I (2): 145-160.
— (1974): *Estilo barroco y personalidad creadora*. Madrid: Cátedra.
LECKIE, Ross (1996): «Reading "The Snow Man": Stevens's structures of undecidability». En *Weber Studies* 13 (2): <http://weberstudies.weber.edu/archive/archive%20B%20Vol.%2011-16.1/Vol.%2013.2/13.2Leckie.htm>.
LEEMAN, Fred (1976): *Hidden images games of perception, anamorphic art, illusion*. New York: Harry N. Abrams.
LIDDELL HART, B. H. (1935): *A history of the world war*. Boston: Little, Brown and Company.
LINDSTROM, N. (1980): «Xul Solar: Star-spangler of languages». En *Review* 25/26: 117-121.
LÓPEZ LEMUS, Virgilio (1997): *La imagen y el cuerpo: Lezama y Sarduy*. La Habana: Unión.
LOYOLA, Hernán (1985): «Residencia revisitada». En *Cuadernos Americanos* CXLII: 129-162.
LOYOLA, Ignacio de (1991): *Ejercicios espirituales*. Bilbao: Mensajero.
LYOTARD, Francois (1980): *La condición posmoderna*. Madrid: Cátedra.
MCHALE, Brian (1987): *Postmodernist fiction*. London / New York: Routledge.
MARAVALL, Antonio (1998): *La Cultura del Barroco*. Barcelona: Ariel.
MARTÍ, Antonio (1972): *La preceptiva retórica española en el siglo de oro*. Madrid: Gredos.
MATURO, Graciela (1992): «De la metáfora al símbolo. Aproximación al poema "Altazor" de Vicente Huidobro». En *RILCE* 8: 51-67.
MAZZEO, Anthony (1953): «Metaphysical poetry and the poetic of correspondence». En *Journal of the History of Ideas* 14 (2): 221-234.
— (1964): *Renaissance and seventeenth-century studies*. New York: Columbia University Press.
MENENDEZ PIDAL, Ramón (1966): *Castilla, la tradición, el idioma*. Madrid: Espasa Calpe.

Molloy, Sylvia (1979): *Las letras de Borges*. Buenos Aires: Sudamericana.

Mosquera, Gerardo (2018): «Arte, Religión y Diferencia Cultural». En <http://www.replica21.com/archivo/articulos/m_n/037_mosquera_mendieta.html>

Mowry, Robert (1997): *Worlds within worlds*. Cambridge: Harvard University Art Museum.

Mujica, Barbara (1997): «Jorge Luis Borges and the Spanish Golden Age». En Gies, David Thatcher (ed.): *Negotiating past and present*. Virginia: Rookwood Press, 194-210.

Neruda, Pablo (1974): *Residencia en la tierra I, II*. Buenos Aires: Tomas Agüero.

Nicolás, Cesar (1986): *Estrategias y lecturas: Las anamorfosis de Quevedo*. Salamanca: Varona.

Oliver, Juan Manuel (1984): *Comentarios a la poesía de Quevedo*. Madrid: Sena.

Ortega y Gasset, José (1928): *La deshumanización del arte*. Madrid: Revista de Occidente.

— (1965): «Introducción a Velázquez». En *Obras completas* (Tomo VIII). Madrid: Revista de Occidente.

Orozco Diaz, Emilio (1965): *El Barroquismo de Velázquez*. Madrid: Rialp.

— (1969): *En torno a las «Soledades» de Góngora*. Granada: Universidad de Granada.

— (1975): *Manierismo y Barroco*. Madrid: Cátedra.

Osorio, Nelson (1988): *Manifiestos, proclamas y polémicas de la vanguardia literaria hispanoamericana*. Caracas: Biblioteca Ayacucho.

Pajin, Dusan (1995): «Environmental Aesthetics and Chinese Gardens». En *Dialogue and Universalism* VII (3-4).

Panofsky, Erwin (1956): «Galileo as a critic of the arts: aesthetic attitude and scientific thought». En *Isis* 47 (1): 3-15.

— (1995): *Three Essays on Style*. Cambridge: MIT Press.

Parker, Patricia (1992): «Preposterous Events». En *Shakespeare Quarterly* 43 (2): 186-213.

Paz, Octavio (1969): *Cuadrivio*. México: Joaquín Mortiz.

— (1971): *Las Peras del Olmo*. Barcelona: Seix Barral.
— (1981): *Los hijos del Limo*. Barcelona: Seix Barral.
— (1995): «El mundo como jeroglífico». En *Sor Juana Inés de la Cruz o las trampas de la fe. Obras Completas*. México: Fondo de Cultura Económica, 200-213.
— (1996): *Reflejos: Réplicas (diálogos con Francisco de Quevedo)*. Madrid: La Palma.
— (1997): *Poesía completa*. México: Fondo de Cultura Económica.
PELLICER, Rosa (2001): «Borges, lector de Gracián: "Laberintos, retruécanos, emblemas"». En *Boletín de la Fundación García Lorca* 14 (29-30): 229-246.
PERLONGHER, Nestor (1997): *Prosa plebeya*. Buenos Aires: Colihue.
POLLEN, John (1922): *Saint Ignatius of Loyola imitator of Christ*. New York: P. J. Kenedy & sons.
POPKIN, Richard (1964): *The history of scepticism from Erasmus to Descartes*. New York: Humanities Press.
QUENDLER, Christian (2001): *From romantic irony to postmodern metafiction*. Frankfurt: Peter Lang.
QUEVEDO, Francisco (1970): *Historia de la vida del Buscón*. Madrid: Espasa-Calpe.
— (1981): *Poesía original completa*. Barcelona: Planeta.
RAMA, Angel (1986): *La novela latinoamericana: 1920-1980*. Bogotá: Instituto Colombiano de Cultura.
REYES, Alfonso (1927): *Cuestiones gongorinas*. Madrid: Espasa Calpe.
RICOEUR, Paul (1980): *La metáfora viva*. Madrid: Ediciones Europa.
ROBBINS, Jeremy (2003): «Review Article: Baltasar Gracián (1601-2001)». En *BHS* 80: 41-55.
RODRÍGUEZ GARRIDO, José (1988): «Los comentarios de Espinosa Medrano sobre el hipérbaton gongorino». En *Lexis* XII (2): 125-138.
RODRÍGUEZ MONEGAL, Emir (1972): «Tradición y renovación». En Fernández Moreno, César (ed.): *América Latina en su Literatura*. México: Siglo XXI, 139-166.
— (1976a): *Borges, hacia una lectura poética*. Madrid: Guadarrama.
— (1976b): «Las metamorfosis del texto». En Aguilar Mora, Jorge (ed.): *Severo Sarduy*. Madrid: Fundamentos.

— (1978): «Borges lector del barroco español». En *XVII Congreso del Instituto Internacional de Literatura Iberoamericana* Madrid: Centro Iberoamericano de Cooperación, 453-469.
Rosales, Luis (1971): «La imaginacion configurante (ensayo sobre las soledades)». En *Cuadernos Hispanoamericanos* 257/258: 255-294.
Rubione, Alfredo (1987): «Xul Solar: Utopía y Vanguardia». En *Punto de Vista* X (29): 37-9.
Saer, Juan José (1997): *El concepto de ficción*. Buenos Aires: Espasa Calpe.
Sánchez Robayna, Andrés (1983): *Tres estudios sobre Góngora*. Barcelona: Edicions del Mall.
Sarduy, Severo (1972): «El Barroco y el neobarroco». En Fernández Moreno, César (ed.): *América Latina en su literatura*. México: Siglo XXI.
— (1974): *Barroco. Ensayos generales sobre el barroco*. Buenos Aires: Sudamericana.
Sarduy, Severo (1981): *Cobra*. Barcelona: Edhasa.
— (1982): *La simulación*. Caracas: Monte Ávila.
— (1999): *Escrito sobre un cuerpo*. En *Obra Completa*, Tomo I. Paris: ALLCA XX.
Sarlo, Beatriz (1994): «The case of Xul Solar». En *Argentina, 1920 1994: art from Argentina*. Oxford: Museum of Modern Art, 34-39.
Scarry, Elaine (1985): *The body in pain. The making and unmaking of the world*. New York: Oxford University Press.
Schmidt, J. D. (2003): *Harmony garden: the life, literary criticism, and poetry of Yuan Mei (1716-1798)*. New York: Routledge / Curzon.
Scruton, Roger (1974): *Art and imagination: a study in the philosophy of mind*. London: Methuen.
Sicard, Alain (1981): *El pensamiento poético de Pablo Neruda*. Madrid: Gredos.
Siren, Osvald (1949): *Gardens of China*. New York: The Ronald Press Company.
Shaw, Donald (1999): *Nueva narrativa hispanoamericana. Boom. Postboom. Posmodernismo*. Madrid: Cátedra.
Smith, Elizabeth (2002): *Matta in America Painting and Drawings of the 1940s*. Chicago: Museum of Contemporary Art, Chicago.

SONTAG, Susan (2003): *Regarding the pain of others*. New York: Farrar, Straus & Giroux.
SPITZER, Leo (1945): *La enumeración caótica en la poesía moderna*. Buenos Aires: Facultad de Filosofía y Letras.
SVANNASCINI, O. (1962): *Xul Solar*. Buenos Aires: Ediciones Culturales Argentinas.
TABORSKY, Edwina (1999): *Semiosis, Evolution, Energy: Towards a Reconceptualization of the Sign*. Bloomington: Indiana University.
TERRY, Arthur (1954): «A note on metaphor and conceit in the Siglo de Oro». En *BHS* XXXI (2): 91-97
— (1958): «Quevedo and the Metaphysical Conceit». En *BHS* XXXV (4): 211-222.
TORNÉS REYES, Emmanuel (1996): *¿Qué es el postboom?* La Habana: Letras Cubanas.
TZARA, Tristan (2006): *Primer manifiesto Dada*. Barcelona: Anagal.
ULLOA, Leonor & ULLOA, Justo (1999): «La obsesión del cuerpo en la obra de Severo Sarduy». En *Obra completa*, Tomo II. Paris: ALLCA XX.
— (1997): «Pájaros de la playa de Severo Sarduy: final del juego». En *Hispamérica* 26 (78): 17-27.
VATTIMO, Gianni (1987): *El fin de la modernidad*. Barcelona: Gedisa.
VERANI, Hugo (1990): *Las Vanguardias literarias en Hispanoamérica: manifiestos, proclamas y otros escritos*. México: Fondo de Cultura económica.
VISO, Olga (2004): *Ana Mendieta, earth body*. Washington: Hatje Cantz Publishers.
VRIES, Jan Vredeman de (1980): *Hortorum viridariorumque formae*. Amsterdam: Van Hoeve.
WALEY, Arthur (1956): *Yuan Mei: eighteen century Chinese poet*. London: George Allen and Unwin.
WARNOCK, Mary (1976): *Imagination*. Berkeley: University of California Press.
WASSON, Gordon (1990): *The sacred mushroom seeker*. Portland: Dioscorides Press.
WILCOCK, Rodolfo (1999): *El libro de los monstruos*. Buenos Aires: Sudamericana.

WILLIAMS, David (1996): *Deformed discourse: the function of the monster in mediaeval thought and literature*. Montreal: McGill-Queen's University Press.

WILSON, Catherine (1989): *Leibniz's metaphysics*. Manchester: Manchester University Press.

WÖLFFLIN, Heinrich (1932): *Principles of art history*. New York: Holt.

YURKIEVICH, Saul (1971): *Fundadores de la nueva poesía latinoamericana*. Barcelona: Barral.

— (1979): «Altazor: la metáfora deseante». En *Revista Iberoamericana* 106/107: 141-147.

— (1984): «Residencia en la tierra: paradigma de la primera vanguardia». En Loyola, Hernán (ed.): *Neruda en Sassari: actas del Simposio intercontinental Pablo Neruda, Sassari, 3-5 mayo*. Sassari: Università di Sassari, 65-75.

ŽIŽEK, Slavoj (1992): *Everything you wanted to know about Lacan (but were afraid to ask Hitchcock)*. London / New York: Verso.

ZONANA, Victor G. (1994): *Metáfora y simbolización en Altazor*. Mendoza: Universidad Nacional de Cuyo.

Catálogo Almenara

Aguilar, Paula & Basile, Teresa (eds.) (2015): *Bolaño en sus cuentos.* Leiden: Almenara.

Aguilera, Carlos A. (2016): *La Patria Albina. Exilio, escritura y conversación en Lorenzo García Vega.* Leiden: Almenara.

Amar Sánchez, Ana María (2017): *Juegos de seducción y traición. Literatura y cultura de masas.* Leiden: Almenara.

Arroyo, Josianna (2019): *Travestismos culturales. Literatura y etnografía en Cuba y el Brasil.* Leiden: Almenara.

— (2019): *Fin de siglo: el secreto y la escritura en la masonería caribeña.* Leiden: Almenara.

Baler, Pablo (2019): *Los sentidos de la distorsión. Fantasías epistemológicas del neobarroco latinoamericano.* Leiden: Almenara.

Barrón Rosas, León Felipe & Pacheco Chávez, Víctor Hugo (eds.) (2017): *Confluencias barrocas. Los pliegues de la modernidad en América Latina.* Leiden: Almenara.

Blanco, María Elena (2016): *Devoraciones. Ensayos de Período Especial.* Leiden: Almenara.

Burneo Salazar, Cristina (2017): *Acrobacia del cuerpo bilingüe. La poesía de Alfredo Gangotena.* Leiden: Almenara

Caballero Vázquez, Miguel & Rodríguez Carranza, Luz & Soto van der Plas, Christina (eds.) (2014): *Imágenes y realismos en América Latina.* Leiden: Almenara.

Calomarde, Nancy (2015): *El diálogo oblicuo: Orígenes y Sur, fragmentos de una escena de lectura latinoamericana, 1944-1956.* Leiden: Almenara.

Camacho, Jorge (2019): *La angustia de Eros. Sexualidad y violencia en la literatura cubana.* Leiden: Almenara.

Campuzano, Luisa (2016): *Las muchachas de La Habana no tienen temor de dios. Escritoras cubanas (siglos XVIII-XXI).* Leiden: Almenara.

Casal, Julián del (2017): *Epistolario. Edición y notas de Leonardo Sarría.* Leiden: Almenara.

Cuesta, Mabel & Sklodowska, Elzbieta (eds.) (2019): Lecturas atentas. Una visita desde la ficción y la crítica a las narradoras cubanas contemporáneas. Leiden: Almenara

Churampi Ramírez, Adriana (2014): *Heraldos del Pachakuti. La Pentalogía de Manuel Scorza.* Leiden: Almenara.

Deymonnaz, Santiago (2015): *Lacan en el cuarto contiguo. Usos de la teoría en la literatura argentina de los años setenta.* Leiden: Almenara.

Díaz Infante, Duanel (2014): *Días de fuego, años de humo. Ensayos sobre la Revolución cubana.* Leiden: Almenara.

Echemendía, Ambrosio (2019): *Poesía completa. Edición, estudio introductorio y apéndices documentales de Amauri Gutiérrez Coto.* Leiden: Almenara.

Fielbaum, Alejandro (2017): *Los bordes de la letra. Ensayos sobre teoría literaria latinoamericana en clave cosmopolita.* Leiden: Almenara.

García Vega, Lorenzo (2018): *Rabo de anti-nube. Diarios 2002-2009. Edición y prólogo de Carlos A. Aguilera.* Leiden: Almenara.

— (2019): *Rostros del reverso. Edición y prólogo de Carlos A. Aguilera.* Leiden: Almenara.

Garrandés, Alberto (2015): *El concierto de las fábulas. Discursos, historia e imaginación en la narrativa cubana de los años sesenta.* Leiden: Almenara.

Giller, Diego & Ouviña, Hernán (eds.) (2018): *Reinventar a los clásicos. Las aventuras de René Zavaleta Mercado en los marxismos latinoamericanos.* Leiden: Almenara.

González Echevarría, Roberto (2017): *La ruta de Severo Sarduy.* Leiden: Almenara.

Gotera, Johan (2016): *Deslindes del barroco. Erosión y archivo en Octavio Armand y Severo Sarduy.* Leiden: Almenara.

Greiner, Clemens & Hernández, Henry Eric (eds.) (2019): *Pan fresco. Textos críticos en torno al arte cubano.* Leiden: Almenara.

Hernández, Henry Eric (2017): *Mártir, líder y pachanga. El cine de peregrinaje político hacia la Revolución cubana*. Leiden: Almenara.

Inzaurralde, Gabriel (2016): *La escritura y la furia. Ensayos sobre la imaginación latinoamericana*. Leiden: Almenara.

Kraus, Anna (2018): *sin título. operaciones de lo visual en 2666 de Roberto Bolaño*. Leiden: Almenara.

Loss, Jacqueline (2019): *Soñar en ruso. El imaginario cubano-soviético*. Leiden: Almenara.

Lupi, Juan Pablo & Salgado, César E. (eds.) (2019): *La futuridad del naufragio. Orígenes, estelas y derivas*. Leiden: Almenara.

Machado, Mailyn (2016): *Fuera de revoluciones. Dos décadas de arte en Cuba*. Leiden: Almenara.

— (2018): *El circuito del arte cubano. Open Studio I*. Leiden: Almenara.

— (2018): *Los años del participacionismo. Open Studio II*. Leiden: Almenara.

— (2018): *La institución emergente. Entrevistas. Open Studio III*. Leiden: Almenara.

Molinero, Rita (ed.) (2019): *Virgilio Piñera. La memoria del cuerpo*. Leiden: Almenara.

Montero, Oscar (2019): *Erotismo y representación en Julián del Casal*. Leiden: Almenara.

Morejón Arnaiz, Idalia (2017): *Política y polémica en América Latina. Las revistas Casa de las Américas y Mundo Nuevo*. Leiden: Almenara.

Pérez-Hernández, Reinier (2014): *Indisciplinas críticas. La estrategia poscrítica en Margarita Mateo Palmer y Julio Ramos*. Leiden: Almenara.

Pérez Cano, Tania (2016): *Imposibilidad del* beatus ille*. Representaciones de la crisis ecológica en España y América Latina*. Leiden: Almenara.

Pérez Cino, Waldo (2014): *El tiempo contraído. Canon, discurso y circunstancia de la narrativa cubana (1959-2000)*. Leiden: Almenara.

Quintero Herencia, Juan Carlos (2016): *La hoja de mar (:) Efecto archipiélago I*. Leiden: Almenara.

Ramos, Julio (2019): *Desencuentros de la modernidad en América Latina. Literatura y política en el siglo xix*. Leiden: Almenara.

Ramos, Julio & Robbins, Dylon (eds.) (2019): *Guillén Landrián o el desconcierto fílmico*. Leiden: Almenara.

Selimov, Alexander (2018): *Derroteros de la memoria. Pelayo y Egilona en el teatro ilustrado y romántico*. Leiden: Almenara.

Timmer, Nanne (ed.) (2016): *Ciudad y escritura. Imaginario de la ciudad latinoamericana a las puertas del siglo XXI*. Leiden: Almenara.

— (2018): *Cuerpos ilegales. Sujeto, poder y escritura en América Latina*. Leiden: Almenara.

Tolentino, Adriana & Tomé, Patricia (eds.) (2017): *La gran pantalla dominicana. Miradas críticas al cine actual*. Leiden: Almenara.

Vizcarra, Héctor Fernando (2015): *El enigma del texto ausente. Policial y metaficción en Latinoamérica*. Leiden: Almenara.

www.ingramcontent.com/pod-product-compliance
Lightning Source LLC
Chambersburg PA
CBHW020615300426
44113CB00007B/655